ÉTUDES
SUR LA TRANSFORMATION
DU XIIᵉ ARRONDISSEMENT.

Paris. — Impr. LACOUR et Cⁱᵉ, rue Soufflot, 16

ÉTUDES

SUR LA

TRANSFORMATION

DU XIIe ARRONDISSEMENT

ET DES

QUARTIERS ANCIENS DE LA RIVE GAUCHE

PAR

EUGÈNE CRAMOUZAUD.

PARIS

LIBRAIRIE DE GUILLAUMIN ET Cie

Éditeurs du *Journal des Économistes*, de la *Collection des principaux Économistes*, etc., etc.,

RUE RICHELIEU, 14.

—

1855

A

MONSIEUR LEROY DE SAINT-ARNAUD

CONSEILLER D'ÉTAT, MAIRE DU XIIe ARRONDISSEMENT, PRÉSIDENT
DU SYNDICAT DES PROPRIÉTAIRES DE L'ARRONDISSEMENT.

Monsieur,

Pour soulager les misères, pour relever la condition de l'arrondissement le plus pauvre de Paris, à la tête duquel Sa Majesté l'Empereur vous a placé, vous avez invité la propriété à s'appliquer elle-même à la transformation de l'arrondissement.

Jadis, monsieur, cette pensée permit aux prévôts des marchands, aux Myron, aux Sanguin, aux Maureau de commencer cette régénération du Paris primitif que M. le préfet de la Seine poursuit avec une si prodigieuse énergie. Elle valut à ces illustres magistrats la gloire de remporter sur les obstacles qui s'opposent au développement de la fortune publique ces triomphes qui sont pour l'administrateur, ce qu'est pour le soldat la victoire qu'il a l'honneur d'inscrire sur le drapeau de la patrie.

L'histoire de l'administration garantit donc le succès de votre œuvre, et la transformation de l'arrondissement s'accomplira.

Depuis longtemps déjà, monsieur, cette transformation m'est apparue comme l'un de ces rêves à la réalisation desquels l'on s'attache, tout impuissant qu'on soit, tant ils semblent devoir produire pour tous de bonheur à leur suite, et j'ai essayé mes forces à ces études.

Permettez-moi de vous en faire hommage, car pour produire des résultats utiles, ce travail a besoin de votre approbation et de vos sympathies.

Veuillez agréer, monsieur, l'expression du profond respect avec lequel j'ai l'honneur d'être

Votre très humble serviteur.

TABLE DES MATIERES.

Préface. III
Chapitre Ier. — Esquisse historique du développement de la
    ville de Paris. 12
    II. — La rive gauche. 47
    III. — Le XIIe arrondissement. — Travaux prépara-
    toires de sa transformation. 71
    IV. — Le XIIe arrondissement. — Transformation. . 161
    V. — Moyens d'exécution. 215

Paris est le cœur de la France : mettons tous nos efforts à embellir cette grande cité, à améliorer le sort de ses habitants..... Ouvrons de nouvelles rues, assainissons les quartiers populeux qui manquent d'air et de jour, et que la lumière bienfaisante du soleil pénètre partout dans nos murs.

NAPOLÉON III.

(*Hôtel-de-Ville*, 10 décembre 1850.)

Nous vivons à une époque où de nombreux projets, que naguère encore on eût qualifiés de rêves, sont miraculeusement réalisés par un gouvernement qui sait vouloir tout ce qui est bien, et accomplir tout ce qu'il décide.

M. HAUSSMAN, *préfet de la Seine*.

(*Moniteur* du 7 décembre 1854.)

C'est à vous, Monsieur le préfet, à décider si de nouvelles rues ouvertes, si des rues anciennes élargies, si l'air et la lumière pénétrant dans nos vieux quartiers, si nos écoles dégagées de leurs entourages et mises en relief, si les facultés communiquant entre elles et avec le reste de Paris par des chemins directs et libres, on ne verrait pas la partie élevée de la rive gauche reprendre cette prospérité qui semble *la fuir* aujourd'hui pour devenir l'apanage exclusif de la rive droite.

Pourquoi n'en serait-il pas ainsi, lorsque nous avons vu depuis quelques années la population qui fréquente le Muséum décupler par le seul fait de l'amélioration des quais qui l'y conduisent ?

M. DUMAS, *membre de l'Institut, ancien ministre*.

(Lettre à M. le préfet de la Seine, 12 nov. 1848.)

PRÉFACE.

L'un des principes fondamentaux de l'architecture, c'est que tout édifice doit être distribué et construit en vue des exigences auxquelles il est appelé à satisfaire.

Et, de même que la maison doit répondre aux besoins de la famille, l'église à ceux du culte, la citadelle à ceux de la défense, le pont à ceux de la circulation; de même, la ville, ce grand édifice de la population que des intérêts divers appellent sur un même point, doit répondre à toutes les exigences qui résultent des besoins, des habitudes, ou des goûts de la population qui y est condensée.

Mais ces besoins, ces habitudes et ces goûts varient avec les climats et les temps. Naples et Saint-Pétersbourg, Séville et Amsterdam ne sauraient être des villes bâties sur les mêmes plans et dans les mêmes conditions; et le Paris des temps où les transports se faisaient à dos de mulet et les visites à cheval, le Paris des temps où les habitants des provinces croyaient prudent de mettre en ordre leurs affaires et de faire leur testament avant d'entreprendre un aussi long voyage, ne pourrait convenir en aucune façon à la génération actuelle, dont le bien-être dépend surtout des facilités offertes à la circulation.

Aussi la transformation du vieux Paris est-elle devenue depuis longtemps déjà une nécessité; aussi, faute de rencontrer dans les anciens quartiers les conditions d'habitation et de circulation exigées par ses besoins, ses goûts et ses affaires, la population déserte-t-elle ces quartiers pour les quartiers nouveaux situés même hors barrières, mais où elle rencontre des habitations et des rues répondant à ses divers besoins.

L'accroissement considérable de la population, depuis le commencement de ce siècle, a donné à ce mouvement une énergie prodigieuse. Paris s'est déplacé; il s'est fait une nouvelle ville à côté de l'ancienne; et si, depuis le premier empire, l'administration n'eût pas accompli des prodiges pour approprier l'ancienne ville aux besoins de la population nouvelle, le mal serait actuellement irréparable. Le vieux Paris, le Paris que traverse la Seine serait abandonné, ses édifices publics, ses monuments, seraient perdus au milieu d'une immense cour des miracles; il faudrait des millions par centaines pour reconstruire pour les besoins publics de nouveaux édifices dans la nouvelle ville, et dans les vieux quartiers, la propriété serait sans aucune valeur.

Cependant, malgré tous les efforts de l'administration,

la restauration des vieux quartiers n'a pu marcher de pair avec les besoins de la population, et il a fallu les travaux de géants accomplis récemment pour démontrer à tous que les anciens quartiers pouvaient parfaitement être appropriés aux besoins de la population; que cette transformation leur ferait donner la préférence sur les quartiers excentriques; qu'elle deviendrait l'ornement de la ville, et que seule elle pourrait porter la propriété si dédaignée de ces quartiers à la valeur que sa position même à l'intérieur de la ville devait lui assurer.

Mais si les besoins généraux de la circulation, si l'amélioration des conditions d'habitation offertes par les anciens quartiers sont pour l'administration des motifs qui la décident, au prix des plus grands sacrifices, à entreprendre les grands travaux qu'elle exécute, la plus-value qu'entraîne pour la propriété la transformation de quartiers autrefois inhabitables, en quartiers où la population trouve toutes les conditions possibles de bien-être, peut être un motif suffisant pour déterminer les propriétaires à concourir avec l'administration à la restauration du vieux Paris.

Poursuivie ainsi d'un commun accord par la propriété et l'administration, la transformation des plus mauvais quartiers peut être accomplie comme à vue d'œil; le bien-être de la population peut s'accroître dans une proportion chaque jour plus rapide, et la valeur de la propriété des quartiers les plus dédaignés, s'élever promptement au niveau de la valeur moyenne de la propriété parisienne.

Les besoins généraux de la population et les souffrances de la propriété, auxquels la transformation des vieux quartiers remédierait en même temps, invitent donc la propriété et l'administration à grouper leurs efforts pour l'accomplissement de cette grande tâche. C'est sous l'influence de cette pensée, dont la réalisation serait doublement productive, que la transformation du xiie arrondissement nous a semblé une œuvre dont l'accomplissement était possible; et c'est en nous préoccupant en même temps des besoins généraux de la population et du peu de valeur de la propriété dans l'arrondissement que nous nous sommes efforcé d'en démontrer les avantages et la nécessité.

L'étude de la transformation du xiie arrondissement devait donc comprendre l'analyse des besoins généraux et celle des besoins locaux, qui rendent cette transformation de jour en jour plus nécessaire. Il fallait étudier la marche suivie par la ville dans ses accroissements, les améliorations apportées à ses dispositions premières, les besoins généraux de la circulation, les intérêts qui rattachent les populations des deux rives, les obstacles que l'insuffisance des voies de communication oppose à leur développement, les travaux entrepris pour y porter remède, les réclamations des intéressés, les souffrances qu'impose l'état des vieux quartiers à la population forcée d'y vivre, les pertes qui en résultent pour la propriété. Les exigences auxquelles la transformation des vieux quartiers de la rive gauche devra satisfaire une fois reconnues, il fallait étudier. d'après l'état actuel de ces quartiers et d'après les rapports qu'il s'agit d'établir avec les différentes parties de la ville, l'œuvre proprement dite de la transformation; et l'importance et les résultats de l'entreprise une fois constatés, il fallait en indiquer les moyens d'exécution.

Telle est la marche que nous avons suivie dans ces études; et si le résultat que nous avions en vue est obtenu, si les propriétaires des vieux quartiers de la rive gauche, convaincus que leur fortune dépend de la transformation de ces quartiers, s'appliquent à l'exécution de cette grande entreprise, l'honneur de cette régénération, dont toute la population parisienne ressentira les heureux résultats, reviendra tout entier à la commission centrale des propriétaires et habitants du XIIe arrondissement; car ses nombreux et remarquables travaux nous ont servi tout à la fois de preuves et de guide.

Paris, mars 1855.

CHAPITRE PREMIER.

On ne saurait le nier, cette ville est à la France ce que la tête est au corps humain.

VAUBAN.

Avant François Myron, on construisait, on agrandissait Paris au hasard.

M. Louis Lazarre,
Rédacteur en chef de la Revue municipale.

CHAPITRE PREMIER.

ESQUISSE HISTORIQUE DU DÉVELOPPEMENT DE LA VILLE DE PARIS.

Lutèce. — La ville de Philippe-Auguste. — Le commerce, l'industrie, le luxe, occupent la rive droite. — Les couvents, les établissements scientifiques, sont seuls sur la rive gauche. — Henri IV et François Myron. — Le prévôt fait exécuter les règlements de voirie. — Le Pont-Neuf associe la rive gauche aux progrès de la droite. — L'empereur entreprend la restauration du vieux Paris. — M. de Rambuteau. — Les travaux actuels ramèneront Paris dans son centre. — La rue des Écoles. — La rive gauche touche à l'heure de sa transformation.

La Cité, cette île qui avait, dit Sauval, *la forme d'un navire enfoncé dans la vase et échoué au fil de l'eau*, fut le berceau de cette grande et merveilleuse ville qui est, tout à la fois, la capitale d'une grande nation et la reine de la civilisation.

La petite Lutèce était trop bien placée pour devenir le centre du commerce du bassin de la Seine, pour que l'aigle romaine ne s'en aperçût pas. Les conquérants comprirent tout de suite qu'il n'y avait qu'à soutenir ces braves bateliers, qui s'efforçaient de faire de la Seine une voie commerciale. Ils leur donnèrent une organisation qui fut la base de leur grandeur future; car l'association des *nautes parisiens* devint, en se développant, d'abord la hanse parisienne, et plus tard la célèbre prévôté des marchands.

Sous la domination romaine, la ville tenait encore à l'aise dans son joli berceau : la Seine lui servait de défense, et sur ses rives, on était en pleins champs.

Les cartes qui rappellent l'aspect qu'avaient alors ces lieux, sur lesquels la ville s'est étendue et s'est fixée, sont, à divers égards, du plus haut intérêt; car la disposition naturelle du sol a eu, sur les accroissements de la cité, une influence dont il est nécessaire de se rendre bien compte; et que de pensées, que d'émotions soulève dans notre âme l'aspect de ces forêts, de ces champs, de ces marais, de ces collines, où depuis des siècles la grande bataille de la vie se poursuit incessante, où tant de héros se sont dressés et sont tombés, où tant de gémissements et de cris de victoire se sont perdus dans l'air !

Pendant longues années, pendant des siècles, les progrès de la ville marchèrent lentement. Le commerce essayait de prendre possession du magnifique plateau de la rive droite du fleuve, où les communications étaient faciles; les établissements religieux cherchaient sur la montagne de la rive opposée un refuge contre le bruit de la cité. Mais jusqu'à la troisième race Paris resta dans l'ombre. Les Carlovingiens y venaient rarement, et, de temps à autre, les Normands pillaient et dévastaient les établissements fondés sur les deux rives.

Philippe-Auguste, a dit un de nos historiens, fut le premier roi parisien. En effet, sous son règne si noblement rempli, Paris devient sa ville de prédilection, les événements s'y succèdent, les institutions s'y multiplient, la population y déborde.

Par une attraction irrésistible, naturelle, le commerce et l'industrie se portèrent encore sur la rive droite et prirent possession du magnifique plateau qui offrait tant de facilités au transport des marchandises.

De même, les couvents et les écoles s'éloignèrent de la cité pour gravir la montagne qui dominait la rive gauche : ils y trouvèrent le calme et le repos que réclament la prière et la science.

Ainsi, dès le jour où la ville déborde et s'étend sur les rives de la Seine, la population se classe et occupe les lieux dont la disposition se prête le mieux à la satisfaction de ses besoins et de ses habitudes. La rive droite offre un large plateau dont les abords sont faciles, où la circulation et les transports s'opèrent aisément : c'est là que la population industrielle et marchande aura ses établissements. La rive gauche est escarpée, les transports y sont difficiles ; mais la campagne y est riante, on y trouve des prairies et des vignes ; les accidents de terrain, qui gênent le commerce, ornent le paysage : c'est là que les communautés religieuses auront leurs couvents et leurs jardins ; c'est là que les écoles viendront chercher le calme et le silence nécessaires aux études.

Ce classement, cette séparation de la population parisienne, que les dispositions naturelles des deux rives amènent dès l'origine, se continuent à toutes les époques plus ou moins nettement accusés, et il importe de les bien observer ; car c'est en appréciant les habitudes, les besoins, les tendances de la population, que l'on peut avec certitude renverser les obstacles qui nuisent à ses progrès, fonder les établissements, opérer les réformes et les transformations qui peuvent les servir.

A la fin du XIIe siècle, les développements de la ville

avaient été si prodigieux, si rapides, que le Paris en dehors de la cité était plus important que le Paris du dedans. Aussi, le roi s'en inquiétait : il savait de quel coup l'aurait frappé la ruine de sa capitale, il voulait abriter sa couronne derrière les remparts de Paris. Il s'adressa à la prévôté des marchands, qui concourut généreusement à l'exécution de l'entreprise.

L'enceinte de Philippe-Auguste est la première enceinte de Paris devenu une ville importante, et sa description peut servir, de mesure aux progrès accomplis depuis l'invasion romaine, et de point de départ pour les accroissements et les transformations qui se sont succédé dans la ville depuis le jour où elle fut réellement la capitale de la France.

Sur la rive droite, les fortifications partaient de l'endroit où se trouve aujourd'hui l'extrémité du pont des Arts; de là, en traversant la cour du Louvre, elles allaient tout droit jusque vers le portail de l'Oratoire. Leur direction s'inclinait alors sur la droite : elles passaient dans la rue Coquillière, puis rue Montmartre, vers le n° 15. En cet endroit, le rempart changeait brusquement de direction, s'inclinait vers l'est, coupait la rue Saint-Denis en face de l'impasse des Peintres, et la rue Saint-Martin à l'angle de la rue du Grenier-Saint-Lazare. A partir de ce point, l'inclinaison sur la droite devenait de plus en plus sensible jusqu'à la rue des Francs-Bourgeois, où l'enceinte coupait la rue Vieille-du-Temple; elle se repliait alors vers la Seine en passant dans la rue Saint-Antoine à la hauteur de la fontaine de Birague; de là sa direction était normale à la rivière, où elle se terminait par la tour de Billy.

Sur la rive gauche, l'enceinte commençait entre le pont de la Tournelle et la rue des Fossés-Saint-Bernard. Elle montait par la rue des Fossés-Saint-Victor jusqu'à la rue Descartes, près de laquelle on en voit encore des vestiges ; de là elle gagnait la rue Saint-Hyacinthe par la place de l'Estrapade, et puis, s'inclinant vers la place Saint-Michel, elle descendait vers la Seine, où elle se terminait à l'extrémité orientale du quai Malaquais, par la tour connue plus tard sous le nom de tour de Nesle.

Mais tout l'emplacement circonscrit par ces fortifications était loin d'être couvert d'habitations. Le nombre des rues y était bien inférieur à celui qui se trouve aujourd'hui sur l'espace compris dans cette enceinte.

Si l'on jette les yeux sur un plan du Paris de cette époque, le vide qui est à l'intérieur des fortifications semble être avec la partie occupée par des constructions à peu près dans le même rapport où la partie inoccupée et la partie bâtie se trouvent dans l'intérieur des fortifications du Paris de nos jours.

En dehors de l'enceinte, le mouvement semble se prononcer en faveur de la rive gauche : les établissements religieux y occupent déjà de larges places. Mais, malheureusement, ces places sont, par leur destination même, condamnées à n'être jamais occupées autrement. Les habitations et l'activité se multiplieront sur la rive droite : les jardins des maisons religieuses resteront pendant des siècles toujours les mêmes espaces enlevés à la population active, et isolés par de longs murs du reste de la ville.

De Philippe-Auguste à Philippe-le-Bel, les progrès de la ville marchent rapidement. Philippe-Auguste jette les fondations du Louvre, bâtit six églises, cinq couvents, cinq colléges, crée les halles et fait poser les premiers pavés qu'il y ait eu à Paris.

Saint Louis bâtit la Sainte-Chapelle ; il fonde quatre églises, les Quinze-Vingts, huit couvents, six colléges et la Sorbonne, qui fut le berceau de l'Université. Il renforce les priviléges donnés par son prédécesseur aux bourgeois de Paris, par l'organisation des corps des métiers et des corporations.

En 1278, Philippe III autorise la confrérie des chirurgiens, dont l'idée mère appartient à Jean Pitard, chirurgien de Saint-Louis.

Sous Philippe-le-Bel, qui fonda six colléges, un couvent, un hôpital, une chapelle, le Paris de Philippe-Auguste avait prodigieusement grandi. D'après les rôles des taxes de 1292 et 1313, il y avait dans les trois quartiers, de la Cité, d'outre-Grand-Pont, et d'outre-Petit-Pont, dans lesquels on divisait alors Paris, trente-six églises désignées comme paroissiales, trois cent deux rues, et neuf places.

La Cité comprenait quarante-quatre rues.

La circonscription nommée d'outre-Grand-Pont, où s'étaient groupés les industries les plus intéressantes et les établissements de commerce les plus importants, en comptait cent-quatre-vingts-trois. L'accroissement de ces quartiers fut si rapide que sur certains points du territoire, le Paris de Philippe-le-Bel, se trouvant à l'étroit dans l'enceinte de Philippe-Auguste, en avait franchi les limites, et quarante-deux rues avaient été bâties en dehors des fortifications.

Sur la rive gauche, dans le quartier d'outre-Petit-Pont, le progrès fut loin d'être aussi rapide. Les constructions ne dépassaient guère la partie qui avoisinait le fleuve. La population ouvrière n'aimait pas à gravir la montagne, où l'on ne voyait, çà et là, que des communautés religieuses, qui, agrandissant lentement, mais toujours, les immenses terrains qu'elles possédaient dans cette partie de la ville, refoulaient vers la Seine les quelques industries qui tentaient de s'acclimater dans le quartier méridional de Paris

Les terrains qui côtoyaient la rive gauche du fleuve furent donc envahis les premiers par cette portion de la population parisienne qu'un puissant intérêt commercial n'avait pas entraînée sur la rive opposée.

Le quartier Saint-Jacques se couvrit d'abord d'habitations dont le nombre formait, sous Philippe-le-Bel, vingt-six rues.

Le quartier de la Sorbonne comprenait alors dix-sept rues.

Enfin, le quartier du Jardin-des-Plantes contenait dix rues.

Le quartier d'outre-Petit-Pont, par la nature même de sa population, ne participa pas au mouvement d'agrandissement qui se manifestait sur la rive droite de la Seine ; aussi n'y trouve-t-on, à cette époque, que fort peu de rues, seulement tracées, qui servaient plutôt de chemin de communication entre la ville, l'abbaye de Saint-Germain, et l'église de Saint-Sulpice, d'un côté, et l'abbaye Saint-Victor de l'autre.

Huit rues s'étaient groupées en dehors de l'enceinte de Paris, autour de l'abbaye de Saint-Germain.

Du côté de l'abbaye de Saint-Victor, on ne comptait qu'une rue, celle au *Comte-de-Bouloigne*, qui est aujourd'hui la rue de Fer-à-Moulin.

Sous Philippe-le-Bel, le chiffre total de la population parisienne s'élevait approximativement à 215,000 habitants, sur lesquels, d'après les rôles, on comptait 5,693 industriels qui avaient embrassé 358 états, métiers ou professions différentes.

En 1313, lorsqu'il célébra la promotion de son fils à la dignité de chevalier, il passa, en présence du roi d'Angleterre, une revue des Parisiens en état de porter les armes;

Godefroy de Paris raconte, dans sa chronique métrique, l'étonnement des Anglais à la vue de cinquante mille hommes armés, riches et nobles, sortant d'une seule ville.

De Philippe-le-Bel au roi Jean, de 1314 à 1351, le flot monte toujours. Dix-sept colléges, trois églises, sont ajoutés aux richesses monumentales et scientifiques que possède la ville; et, pour mettre le nouveau Paris à l'abri de l'invasion anglaise, le prévôt des marchands le fait couvrir par de nouvelles fortifications.

Le quartier d'outre-Petit-Pont, le pays de la retraite et de la science, pouvait encore largement contenir sa population, ses colléges et ses communautés. Mais sur la rive droite, la ville commerçante avait tellement prospéré en un siècle et demi, que la nouvelle enceinte dut enfermer une superficie au moins trois fois égale à celle qu'abritait la première.

De la Seine à la Bastille et la porte Saint-Denis, elle suivait à bien peu près la direction du boulevart actuel; de là, coupant par le milieu la place des Victoires et le jardin du Palais-Royal, elle venait au point où l'on voit aujourd'hui le guichet de Rohan, et puis elle faisait un coude et s'en allait tout droit aboutir à la Seine.

De 1351 à 1530, de Jean à François Ier, Paris se développe encore de la même manière. L'activité commerciale croissant, la population s'augmente; de nouvelles églises, de nouveaux colléges, s'ajoutent aux anciens; et, comme l'aube de la vie nouvelle dans laquelle vont entrer les sociétés modernes, on voit apparaître, à cette époque, quelques règlements d'administration publique, quelques fondations qui sont comme un indice d'une régénération scientifique et légale.

Sous le roi Jean, eut lieu l'acquisition *de la maison aux*

piliers, qui devint le palais de nos magistrats municipaux, l'Hôtel-de-Ville de Paris.

« Cette maison fut vendue à la ville par Jean d'Auxerre et Marie sa femme, par contrat du 15 juillet 1357, moyennant la somme de 2,880 livres parisis forte monnaie, payée en 2,400 florins d'or au mouton par Étienne Marcel, prévôt des marchands. Voici, d'après Sauval, la description du nouvel hôtel : Il y avait deux cours, un poulailler, des cuisines hautes et basses, grandes et petites, des étuves accompagnées de chaudières et de baignoires, une chambre de parade, une d'audience, appelée *plaidoyer*, une salle couverte d'ardoises, longue de cinq toises et large de trois, et plusieurs autres commodités (1). »

Sous Philippe de Valois, en 1348, une ordonnance du prévôt avait défendu de jeter les immondices dans les rues. Un édit du roi Jean, de l'année 1358, renouvelle cette utile défense. Quant au pavage, les améliorations étaient paralysées par la difficulté de déterminer la nature des obligations qui devaient incomber soit à l'État, soit à la ville.

Nos règlements de voirie, qui ont été si utiles à l'assainissement et à l'embellissement de Paris, étaient alors en germe dans les attributions du voyer de la ville.

« C'estoit à luy de faire oster les empeschements des rues, et de ceux qui ne luy obéissoient pas, il en pouvoit tirer amende. On ne pouvoit faire aucun changement sans que le voyer eust donné l'aligument... On ne pouvoit sans la permission du voyer ouvrir une rue fermée ou en clore une ouverte, et cette permission, il ne la devoit donner que

---

(1) *Dictionnaire administratif et historique des rues et monuments de Paris* par MM. Louis et Félix Lazarre.

pour le bien de la ville, et par le conseil de personnes prudentes... Il pouvoit défendre de faire de petits jardins aux fenêtres, à cause des accidents qui pouvoient survenir... Aucune maison ne pouvoit être élevée si le voyer ne le permettoit (1). »

Charles V fit construire la Bastille, l'hôtel de Saint-Paul, deux couvents, deux colléges.

Charles VI fit revêtir de pierres le quai du Louvre. Il s'occupa de l'approvisionnement des fontaines publiques, fonda trois colléges, et rendit plusieurs ordonnances relatives à la propreté de la ville. Sous son règne, commencent les représentations de ces *moralités* qui sont l'enfance du théâtre moderne.

Charles VII fonde un hospice et un collége ; il rend en 1442 la première ordonnance relative à l'éclairage de la ville. Il prescrit aux lanterniers de faire des lanternes qui puissent être posées *ez rues et ailleurs qu'il conviendroit*. L'aqueduc de Belleville fut, en grande partie, construit pendant son règne.

Louis XI comprit parfaitement tout le concours que la prévôté pouvait apporter à ses vues. Il caressa l'institution municipale, et donna aux commerçants d'importants priviléges. Il fonda, rue de *la Bucherie,* une école de médecine ; le bâtiment coûta 10 livres tournois, qui furent données par le roi. Il dota Paris de la première imprimerie qui fut créée en France. Des lettres-patentes du 21 avril 1475 nous apprennent que les premiers de nos compatriotes qui exercèrent cette utile profession furent les sieurs Schœffer et Conrad Hanequis.

(1) *Dictionnaire des rues de Paris,* p. 24.

Charles VIII ajouta trois couvents à ceux que possédait déjà la ville.

Louis XII créa sept fontaines nouvelles, ce qui, en 1514, en porte le total à seize. Il protégea la marche ascensionnelle du commerce.

Gentilhomme plein d'élégance et de belles manières, instruit et bien disant, François Ier aimait et honorait les poètes et les artistes. Paris profita singulièrement sous cette royauté. D'abord, il fut doté de superbes palais, de riches établissements scientifiques, entre autres du Collége de France devenu si justement célèbre.

La propreté de la cité, son assainissement, appelèrent son attention à plusieurs reprises, et le premier carrosse qui roula dans Paris fut celui qu'il donna à sa belle maîtresse. Cette voiture avait huit pieds de haut et sept de large. Mais Paris qui avait à cette époque 367 rues n'en avait pas dix dans lesquelles le carrosse royal pût circuler à l'aise, et sans crainte de s'embourber. Il versa même un jour au beau milieu du quai du Louvre.

La communauté de Sainte-Barbe, l'hospice des Ménages, furent fondés sous Henri II. Paris avait alors acquis une telle importance que ses agrandissements devinrent inquiétants. La ville s'était, jusqu'à ce temps, développée au gré de la population qui venait s'y fixer, mais le temps arrivait où il fallait mettre de l'ordre dans ses accroissements. Une ordonnance de 1548 commença par défendre d'élever des constructions nouvelles dans les faubourgs.

François II, Charles IX, Henri III, construisirent des églises, des couvents, un hôpital et des colléges. Les Tuileries, ce palais dont la grandeur dut suivre les progrès de celle de la France, témoignent de la puissance artistique des maîtres de ce temps; et des institutions fécondes en résultats utiles apportent à la population les éléments de cette organisation administrative et commerciale qui ménage les forces et le temps, et accroît les richesses.

Par un édit de 1563, Charles IX jeta les bases de l'organisation des tribunaux de commerce, et c'est du règne des Valois que date le perfectionnement des lois administratives civiles et criminelles. On en compte quarante-six sous le règne si court de François II, cent-quatre-vingt-huit sous le règne si agité de Charles IX, et trois-cent-trente sous celui de Henri III. Les plus remarquables furent l'ouvrage de cet homme dont le nom seul évoque un profond sentiment de respect, du noble chancelier de L'Hôpital.

A partir de ce temps, Paris va cesser de s'accroître comme s'accroît un sauvageon. L'intelligence, la science, la raison humaine, témoignent tous les jours d'une conscience de leurs forces et de progrès nouveaux dont la ville ressentira à chaque instant les heureux résultats. L'enfance de Paris est passée, il y a désormais à lui demander autre chose que de se développer avec vigueur ; Paris doit s'apprêter à remplir noblement le rôle de capitale de la civilisation que lui réserve l'avenir.

Aux XVIe et XVIIe siècles, l'intelligence humaine se montre vigoureuse ; les caractères, loyaux et énergiques ; c'est le temps des de L'Hôpital, des Domat, des Montaigne, des Sully, des Bernard de Palissy, des François Myron, des Richelieu. Les hommes de ce temps dépassent, en général, leurs devanciers d'une grande hauteur, et leur valeur personnelle donne à leurs actes une grande portée et un brillant relief.

Et d'ailleurs, les institutions ne sont-elles pas des leviers dont la puissance dépend de la main qui s'en sert, et la valeur des hommes qui les mettent en jeu ne doit-elle pas être considérée comme un facteur de leurs produits?

La prévôté des marchands, issue de la municipalité romaine, et de la hanse parisienne, nommée pour la première fois par les actes publics en 1263, était, lorsque vint Henri IV, une haute et puissante fonction. *C'était le plus beau rêve que pût faire un enfant de Paris*, c'était *l'hommage des plus dignes au mieux méritant*, et ce fut, pour messire François Myron, l'instrument de la transformation et de la prospérité de la ville.

« Avant François Myron, on construisait ou agrandissait Paris au hasard; le commerce allait où son intérêt le guidait; l'industrie se déplaçait selon son bon plaisir. Les uns construisaient dans une rue une simple cahute; les autres, à côté, bâtissaient une maison de cinq étages. Celui-ci voulait de l'air et laissait en face de sa propriété une largeur considérable; celui-là, plus avare, construisait mesquinement et étranglait la rue. De là ces voies tortueuses qui subsistent encore de nos jours, et témoignent de l'impuissance des lois et des règlements. »

« Ces lois existaient pourtant, mais pour mémoire seulement. Le bourgeois était parfois contraint de s'y soumettre, mais le gentilhomme s'en affranchissait toujours; il eût fallu batailler pour lui donner de l'air. Les religieux étaient encore plus tenaces et menaçaient de la colère divine les prévôts des marchands qui osaient toucher à leurs clos. Aussi les édits des 5 juillet 1420, 8 août 1434, 2 janvier 1521 et 10 novembre 1569, qui prescrivaient certaines limites pour les constructions, fixaient la largeur des rues et défendaient de bâtir en dehors de l'enceinte de Paris, étaient complètement tombés en désuétude.

« François Myron vit le mal, comprit les abus, et résolut de les détruire. « *Je me décidai*, dit-il, *après mûr examen et « certain de l'appuy du roy, et du grand-voyer monseigneur de « Sully, de réformer hardyment ces défauts et iniquités.* » François Myron y parvint ; les anciens règlements furent remis en vigueur et exécutés à la lettre.

« Lors de la construction de la rue du Ponceau, qui fut bâtie des seuls deniers du prévôt des marchands, deux bourgeois et un gentilhomme, propriétaires de trois maisons dans la rue Saint-Denis, voulurent s'opposer au percement de la nouvelle rue, sous prétexte, disaient-ils, que cela nuirait à la rue Saint-Denis, et diminuerait la valeur de leurs immeubles. Le prévôt tint bon et envoya des ouvriers pour donner passage à la rue ; les trois récalcitrants ameutèrent la populace qui chassa ou tua les maçons. A cette nouvelle, François Myron se met à la tête de la compagnie des archers de la ville et se rend lui-même à la rue du Ponceau. On s'empare des trois instigateurs de la révolte ; les deux bourgeois et le gentilhomme sont pendus à la même corde !

« A cette énergique répression, le peuple battit des mains et reconduisit, chapeau bas, le prévôt des marchands jusqu'à l'Hôtel-de-Ville. Quelques jours après le roi Henri IV écrivit ce billet à François Myron :

« Compère, je vous savais homme de talent, je vous tiens
« maintenant pour homme de cœur ; si vous avez besoin
« d'un second, pensez à moi. Je vous embrasse.

« Henri. »

« On comprend les difficultés qui arrêtaient le premier magistrat de la ville, les obstacles que lui suscitaient la bourgeoisie toujours avide et mesquine, et la noblesse parfois turbulente et batailleuse. Ce n'était rien encore que tout cela, les religieux étaient des adversaires bien autrement dangereux, et puis on n'avait pas la facilité de les pendre en dernier ressort. Le roi était l'excommunié de la veille et le catholique du lendemain. Henri IV craignait bien davantage la robe d'un moine que toutes les forces de l'Espagne.

« Un jour François Myron, épuisé de fatigue et de dégoût, alla trouver Henri IV : « Sire, lui dit-il, je ne suis pas « de taille à lutter avec les religieux, ils me glissent dans « la main : ne pouvant faire le bien, je me retire.

« — Comment cela, compère? ne suis-je pas là pour vous « aider? Contez-moi votre affaire. » Et le magistrat lui parla du fait que nous allons rapporter.

« — Voulant remplir les intentions de Votre Majesté, dit « François Myron, j'ai concédé à Nicolas Carrel, entrepre- « neur, le droit d'ouvrir une rue dans la direction du Pont- « Neuf, qui vient d'être élevé sous votre règne; cette rue « doit aboutir à peu de distance du Pré-aux-Clercs. Pour « réaliser cette amélioration, la compagnie doit acheter « l'hôtel ou collége de l'abbé de Saint-Denis, une ruelle « touchant à l'hôtel de Nevers, puis l'hôtel de Chappes, le « tout moyennant 75,500 livres. L'affaire alla bien d'abord; « mais pour compléter la rue, il me fallait prendre une « partie du jardin des Augustins (vingt toises au plus en « longueur sur quatre environ de largeur). Pour estimer « ce terrain, des experts ont été nommés qui viennent d'al- « louer 30,000 livres tournois à ces religieux. Cette esti- « mation a été faite avec condition que les matériaux pro- « venant des hôtels démolis seraient abandonnés aux Au- « gustins. Malgré ces brillants avantages, bien qu'on leur « paie huit fois la valeur du terrain, les religieux refusent,

« et l'amélioration est remise au temps où la raison visitera
« ces bons pères.

« — Nous n'attendrons pas jusque-là, répliqua Henri IV,
« ce serait sans doute un peu long. Capitaine Givry, dit le
« roi à l'officier de service, allez me chercher le supérieur
« des Augustins, et dites-lui que je l'attends au Louvre. »

« Quelques minutes après, le religieux entrait dans le
cabinet de Sa Majesté.

« — Mon père, dit Henri IV, voici messire François
« Myron qui prétend que vous vous opposez au perce-
« ment d'une rue qui doit être ouverte pour le plus grand
« bien de la ville de Paris, et en l'honneur du dauphin, notre
« cher fils.

« — Sire, répliqua le religieux avec humilité, notre bien
« est celui des pauvres, et nous avons à cœur de l'augmen-
« ter, et puis notre jardin potager est bien petit.

« — Ventre-saint-gris, répliqua Henri IV en colère, les
« maisons que vous ferez construire sur la nouvelle rue
« vaudront mieux que le produit de vos choux.

« — Que M. le prévôt des marchands ajoute dix mille li-
« vres, et c'est une affaire conclue, poursuivit le supérieur
« des Augustins.

« — Il n'en fera rien. Écoutez-moi, mon père : vous êtes
« normand, je suis gascon, ne jouons pas au plus fin. Je
« vous donne jusqu'à demain ; si votre mur n'est pas
« abattu, j'irai moi-même ouvrir la rue Dauphine, avec du
« canon s'il le faut ! »

« François Myron se dévoua aux intérêts de la ville ; il
comprit, lui homme d'initiative, qu'une pensée mère devait
présider à toutes les améliorations ; il comprit qu'il ne fallait rien laisser au hasard ; que les embellissements devaient
se réaliser dans des vues d'ensemble, et profiter en quel-

ue sorte à la ville tout entière. Voici de quelle manière l s'exprimait dans l'assemblée générale du 17 juillet 1605.

« — Messieurs les échevins et conseillers, pour res-
« pondre aux nobles intentions du roy, notre cher sire, qui
« me disoit au souper de la royne : « Compère, entendez
« bien ceci : je veux absolument que les deux partyes
« de ma bonne ville de Paris, ma capitale, soyent traictées
« comme deux bonnes sœurs jumelles, » je crois, mes-
« sieurs, qu'il serait bon et judicieux de faire tracer
« plan et dessing qui indiqueroient à l'œil les améliorations
« les plus demandées sur l'une et l'autre rive de Seyne.
« Cette pensée de cœur de notre bien amé roy, seigneur et
« maître, est mienne aussy ; elle sera vostre, car vous êtes
« hommes de sens droict et estudes profondes. Ceci seroit
« mauvais si les gros se trouvoient d'un costé et les menus
« de l'autre, ce seroit beaucoup mieux mélangé. Il ne faut
« pas deux cités dans Paris, la ville du fortuné et la bour-
« gade du pauvre. Or donc, faites pour l'une autant que
« pour l'autre, c'est mon advis (1). »

Traiter les deux parties de la ville séparées par la rivière comme deux sœurs jumelles, faire tracer un plan d'ensemble des améliorations demandées sur l'une et l'autre rive, c'était comprendre largement les affaires de la cité et les conduire avec justice. Les actes du prévôt furent en harmonie avec ses paroles.

Pour associer les deux rives à la prospérité commune, il fallait les relier l'une à l'autre ; car la Seine, c'était entre elles une barrière ; construire des ponts, tel était le moyen de rapprocher leurs intérêts, car avec des ponts il

(1) *Dict. adm. et hist. des rues de Paris*, p. 46.

n'y avait plus de rive droite et rive gauche; la distance entre les quartiers des deux rives n'était plus qu'une question de longueur de chemin, au lieu d'être une question d'obstacle souvent infranchissable.

François Myron fit reprendre et activer les travaux du Pont-Neuf, dont Henri III avait posé la première pierre; il ouvrit la rue Dauphine et donna ainsi à la rive gauche, en la soudant fortement à sa sœur, du commerce, du luxe, des richesses, le plus sûr élément de progrès qu'il fût possible de lui fournir. Ainsi rapprochés du centre des affaires, les terrains du faubourg Saint-Germain, dont les voies tracées avant cette époque n'étaient bordées que de murs de clôture, se couvrirent bientôt de constructions.

Le prévôt fit ensuite approuver par le roi la construction de la place Royale, et, d'après son projet, huit rues larges et symétriques devaient y aboutir. Malheureusement pour la ville, la retraite prématurée du magistrat fit abandonner ce projet, qui fut repris sous le règne de Louis XIII; mais l'opération amoindrie fut exécutée mesquinement.

Henri IV fit encore construire l'hôpital Saint-Louis; il créa un atelier de tapis dits à la façon de Perse et de Turquie; il s'occupa de la distribution des eaux : quatorze fontaines furent restaurées sous son règne, et dès 1609 le renouvellement des conduits d'eau et la restauration des aqueducs étaient pour ainsi dire complets.

Sous son règne, les grands travaux furent dirigés en suivant scrupuleusement ce principe de justice et d'équité prescrit par le roi lui-même, qui voulait que l'administration perçât des rues dans un intérêt de circulation générale, et dans le but de donner de l'air aux classes laborieuses. — Car Dieu, disait Henri IV, dans sa bénignité, a couvert le pauvre et le riche d'une semblable étoffe. »

Ainsi en ne comptant les améliorations opérées sous le règne de Henri IV qu'à partir de l'entrée du roi dans cette ville, c'est-à-dire de 1594 à 1610, on voit qu'il a été construit dans l'espace de seize années soixante-huit rues dans Paris, savoir : trente-cinq sur la rive droite et trente-trois sur la rive opposée. Cette égalité était une preuve d'obéissance à cette sage prescription de Sa Majesté, qui voulait que les deux parties de la ville que sépare le fleuve fussent traitées comme deux bonnes sœurs jumelles.

Ces voies appartiennent pour la plupart aujourd'hui, sur la rive droite, aux quartiers du Marais, de l'Arsenal et de Bonne-Nouvelle ; celles qui ont été créées sur la rive gauche sont enfermées maintenant dans les quartiers de l'École de médecine, de la Monnaie et du faubourg Saint-Germain. Les sommes dépensées pour l'amélioration de la ville, en général, s'élèvent dans cette période à soixante-quatre millions.

Sous Louis XIII, l'accroissement de la population parisienne, l'augmentation démesurée des communautés religieuses qui, chaque jour, aspiraient à s'étendre, firent concevoir des projets ayant pour but l'agrandissement de l'enceinte. L'industrie privée, dont François Myron avait appris à employer la puissante et féconde intervention, fut appelée à accomplir cette œuvre. Le traité ne fut pourtant pas approuvé sans soulever dans le conseil de ville des discussions nombreuses ; mais Christophe Sanguin, le prévôt des marchands, fit ressortir avec tant de puissance la valeur des services que le concours de l'industrie privée pouvait rendre à la ville, que soixante-treize voix sur soixante-quatorze lui donnèrent gain de cause et approuvèrent le traité. Les travaux furent exécutés. L'enceinte remonta de la porte Saint-Denis vers le débouché de la rue Montmartre sur le boulevart ; elle se prolongea de là vers le point où se trouve aujourd'hui le carrefour Gaillon, se continua dans cette direction à peu près jusqu'à la rue Royale, et vint rejoindre la Seine à l'angle sud-ouest du jardin des Tuileries.

Cette extension de l'enceinte entraîna, de 1633 à 1645, l'ouverture de quarante-sept rues sur les nouveaux terrains ajoutés à la ville, et les constructions qui furent élevées en bordure de ces voies publiques firent dépenser dans cette même période plus de quatre-vingts millions de notre monnaie.

Dans le même temps, la place Royale devint le quartier privilégié de la noblesse ; de somptueux hôtels furent construits dans les environs, et le Marais se couvrit de maisons.

Une amélioration d'une haute importance, non-seulement en elle-même, mais encore par l'heureuse influence qu'elle devait avoir sur le rapprochement des deux cités séparées par le fleuve et la constitution de l'unité de la ville, fut aussi exécutée par l'industrie privée sous le règne de Louis XIII. L'île aux Vaches et l'île Notre-Dame, réunies en une seule, furent rattachées à la ville par un pont et couvertes d'habitations. Cette entreprise souleva des difficultés sans nombre et de longues contestations avec les religieux ; mais enfin, les constructions, commencées en 1614 par l'entrepreneur Marie, dont le nouveau pont prit le nom, continuées par Lagrange en 1623, reprises par Marie en 1627, furent achevées en 1647 par les propriétaires eux-mêmes de l'île Notre-Dame.

Quatre quais, sept rues, bordés de vingt hôtels et plus de cent soixante-dix maisons ordinaires furent bâtis dans cette période sur l'île Notre-Dame. Toutes ces constructions firent alors dépenser une somme de soixante-cinq millions.

Les quais Malaquais, de Gèvres, d'Anjou, de Bourbon,

de Béthune et d'Orléans furent en grande partie construits sous Louis XIII.

La distribution des eaux dans Paris fut également l'objet de l'attention de l'autorité supérieure; l'aqueduc de Rungis fut achevé et le nombre des fontaines publiques porté à vingt-huit.

La rive gauche eut une large part dans les travaux construits sous le règne de Louis XIII. Les idées de Henri IV et de François Myron, leurs travaux pour rattacher la rive gauche à l'autre rive portaient déjà leurs fruits. Les terrains du faubourg Saint-Germain, que le Pont-Neuf mettait à quelques minutes du centre des affaires, se couvrirent de constructions; le Pré-aux-Clercs fut envahi; les rues Jacob, de Bourbon (aujourd'hui rue de Lille), de la Planche, de Verneuil, Guénégaud, Saint-Maur-Saint-Germain, Saint-Placide, furent bordées en grande partie d'hôtels magnifiques, qui firent de cette partie de la ville le quartier le plus salubre de tout Paris.

En même temps que les terrains les plus rapprochés des ponts recevaient de nouveaux habitants, Marie de Médicis créait le Luxembourg dans la campagne, en dehors des fortifications; et, quelques années plus tard, Hérouard, premier médecin de Louis XIII, obtenait des lettres-patentes autorisant la création du Jardin-des-Plantes. La mort d'Hérouard retarda cependant l'exécution de ce magnifique projet; mais Bouvard et Guy-Labrosse, médecins du roi, le reprirent en 1633, obtinrent de nouvelles lettres, et, en 1636, la butte des Coupeaux fut achetée; et bientôt s'éleva le plus magnifique établissement de ce genre qu'il y ait en Europe.

Le Luxembourg et le Jardin-des-Plantes, ces deux éléments de la grandeur future de la rive gauche, sont ainsi, à bien peu près, contemporains; et c'est, sans aucun doute, le Pont-Neuf de messire François Myron qui a valu au quartier de la méditation et de la science cette bonne fortune.

La construction du Palais-Royal, la fondation de l'imprimerie dirigée par le gouvernement, remontent encore au règne de Louis XIII, qui fonda aussi, dans le but de venir au secours des malheureux, cinquante-deux établissements religieux, parmi lesquels il faut citer au premier rang l'hospice des Incurables de la rue de Sèvres.

Paris n'était pas la ville de prédilection du roi Louis XIV, et pourtant, sous son règne, les agrandissements de Paris devinrent extrêmement rapides. En 1670, le roi ordonna de remplacer les remparts, de la Bastille à la porte Saint-Honoré, par des boulevarts plantés d'arbres; il porta la distribution des eaux à 1,600,000 litres; il créa sur la rive gauche deux établissements immenses, deux magnifiques monuments, les Invalides et le Val-de-Grâce.

Le nombre des rues qui furent construites sous le règne de Louis XIV s'élève à cent vingt-trois, ce qui en portait le total à six cent cinquante-trois. On comptait, à cette époque, 25,000 maisons environ, occupées par 650,000 habitants.

Sous Louis XV, les accroissements de Paris furent immenses. En 1722, le bourg du Roule fut érigé en faubourg de Paris. On commença à cette époque la construction du quartier Gaillon, connu aujourd'hui sous le nom de la Chaussée-d'Antin, et le nombre des rues ouvertes s'éleva à quatre-vingt-huit. La rive gauche vit poser la première pierre du dôme du Panthéon, construire l'Ecole militaire, l'hôpital du Gros-Caillou, l'hôtel des Monnaies, bâti sur l'emplacement de l'hôtel Conti dont la ville avait fait l'acquisition en 1750, dans le dessein d'y construire un nouvel hôtel-de-ville. — L'Académie de médecine et l'Ecole de droit sont des fondations qui remontent aussi au règne de Louis XV.

Les prévôts des marchands contribuèrent beaucoup, à cette époque, aux embellissements de la ville. C'était encore le temps de ces austères et laborieux magistrats, dont les noms étaient aimés et respectés de la population parisienne, et nul ne méritait de l'être davantage que celui de messire Antoine de Castagnère.

Malheureusement la royauté, qui depuis le grand roi croyait pouvoir suffire à tout, laissa envahir par l'argent et la faveur les charges municipales, et même la noblesse ; mais *comme l'argent n'octroie ni l'intelligence ni le cœur*, ainsi que le disait si bien François Myron, le prestige de la municipalité s'affaiblit avec sa valeur et son dévoûment aux intérêts de la ville.

Sous Louis XVI, les études économiques prennent de l'importance, et leur influence sur la direction des affaires publiques se fait déjà sentir. C'est le temps des Quesnay, des Turgot. Les établissements scientifiques et d'utilité publique apparaissent nombreux. L'institution des Sourds-Muets, le Mont-de-Piété, les Jeunes-Aveugles, le Bureau des nourrices, l'hôpital Necker, l'hôpital Beaujon, l'hôpital du Midi, l'hospice Cochin, l'hospice de Larochefoucauld, sont successivement créés pour soulager les misères publiques.

L'École des mines, l'École des ponts-et-chaussées, à laquelle l'ingénieur Perronnet donne une utile direction, la Société centrale d'agriculture, apportent à la science des éléments de force et de progrès.

La première pierre de l'École de médecine est posée en 1774 ; en 1784 l'École de chant et de déclamation est fondée à l'instigation du baron de Breteuil.

L'approvisionnement de la ville est l'objet de nombreuses études, et Turgot écrit sur cette importante matière un mémoire resté célèbre. Les marchés Beauveau et des Innocents sont créés; les halles aux draps et toiles, à la marée, aux cuirs, au poisson, sont établies ou bien améliorées.

Le pont de la Concorde est construit en 1786 ; et de 1774 à 1793, quatorze places, cent trente-neuf rues nouvelles sont ouvertes, et l'on élève 7,454 constructions particulières qui occasionnent une dépense de 298 millions.

Le mur d'enceinte et les barrières furent aussi construits à cette époque, sous la direction de Ledoux, architecte.

Lorsque apparaissent ces gigantesques cataclysmes qui broient les uns contre les autres les éléments de la nature, ou bien des sociétés, la tourmente furieuse ne semble d'abord devoir laisser sur son passage que des monceaux de ruines. Mais à mesure que le calme se fait, les divers éléments qu'emportait la tempête se déposent, et se classent chacun suivant son poids et sa nature; l'ordre dans lequel Dieu veut qu'ils soient placés s'établit peu à peu ; les sédiments se succèdent les uns aux autres, et la vie reparaît plus vive et plus brillante ; car si Dieu veut que l'œuvre de ses mains subisse quelquefois de violentes transformations, il ne veut pas qu'elle périsse.

Aussi, lorsque Napoléon vient accomplir son œuvre de classificateur et d'organisateur des droits conquis par la révolution, tout semble, en France, avoir repris une énergie nouvelle. Partout la vie déborde, et Paris grandit et se transforme d'une façon féerique.

Mais avant d'exposer les progrès de la ville sous l'impulsion du grand administrateur, nous avons à dire quelques mots de la situation nouvelle que la confiscation des biens des émigrés et du clergé avait faite à la ville.

A cette époque, on comptait dans Paris : trois abbayes d'hommes, six de femmes, quarante-trois couvents ou communautés d'hommes, soixante-cinq couvents ou communautés de femmes, soixante-neuf églises dépendant de communautés religieuses, trente-neuf chapelles publiques et cinquante-trois colléges. Plusieurs de ces établissements surpassaient en étendue des villes de quatrième ordre. L'État se trouva tout d'un coup propriétaire du huitième de la ville entière, de plus de 4,400 immeubles, et justement des portions de la ville qui avaient, jusque-là, résisté à toutes les améliorations.

Pour utiliser ces immenses ressources, la Convention, par un décret du 4 juin 1793, décida qu'il serait fait des plans de ces propriétés; que ces plans seraient remis à des artistes qui les étudieraient et proposeraient les améliorations qui leur sembleraient les plus utiles. Les parcelles désignées sur les plans devaient ensuite être vendues, et les acquéreurs devaient se soumettre aux obligations indiquées dans les contrats de vente.

Malheureusement l'exécution fut au-dessous de la pensée. La ville de Paris n'eut qu'un rôle secondaire dans cette grande opération. L'État se préoccupa beaucoup trop de la question d'argent, et les améliorations générales durent céder le pas à la productivité des ventes.

Plus tard, la politique, puis l'insouciance des bureaux, laissèrent improductives les clauses insérées dans les contrats de vente.

Ces réserves, qui devaient être si précieuses pour l'assainissement de Paris, ne furent exhumées des cartons de la ville avec ensemble et précaution qu'en l'année 1839. Pour une partie de ces clauses, trop longtemps frappées de stérilité, cette exhumation tardive devenait sans objet ; l'administration, oublieuse de ses richesses, avait permis de construire sur l'emplacement de certaines rues projetées, et dont les terrains devaient être abandonnés gratuitement à la voie publique.

Il en était de même pour les élargissements des rues : un grand nombre de réserves n'avaient plus d'emploi, la ville ayant payé des terrains qui devaient lui être abandonnés sans indemnité.

On estime à vingt millions le tort que cette insouciance, peut-être commandée par la politique, a causé à la ville de Paris.

Quatre établissements, dont la ville et la France s'honorent également, remontent encore à cette époque. Ce sont : les Archives nationales, organisées par le savant Daunou en vertu d'un décret du 25 juin 1793 ; l'Institut, dont l'organisation large et complète date de la loi du 26 octobre 1795 ; l'École polytechnique, créée par un décret du 11 mars 1794 ; et l'École normale, fondée en vertu d'un décret du 30 octobre 1795.

Napoléon, qui avait trouvé dans son génie la force de traduire dans les lois les besoins et les aspirations de son époque, et celle de défendre le droit nouveau contre l'Europe armée, consacrait tout le temps que lui laissait la lutte à l'organisation et à l'administration de son empire. Il savait ce que la France renferme en elle-même de ressources, combien elle peut être grande ; il voulait l'élever à toute sa hauteur.

A une nation grande, puissante et riche, il faut une capitale où tout est grandiose, où les services publics sont tous largement satisfaits, où la population trouve toutes les conditions de bien-être, où la pensée publique s'élève et se sent fière; une capitale qui soit pour le pays un motif d'orgueil, et qui soit, pour l'étranger qui la visite, le plus haut témoignage et l'expression la plus complète de la grandeur de la nation.

C'est là ce que Napoléon se proposait de faire de Paris, et ce qu'il a pu faire sous le poids de sa lutte suffit à témoigner de ce qu'il aurait fait s'il avait eu du temps et du repos.

Pour les besoins publics, il fit construire les abattoirs, qui ont fait disparaître à jamais les hideuses tueries dont Mercier a tracé un si vif tableau ; il fit dresser le plan des halles, et lorsqu'il lui fut soumis, il commença par réformer toutes les idées de luxe dont l'imagination de l'architecte avait orné son travail. « Une halle, disait Napoléon, « n'est pas un monument, mais un établissement utile; « il ne doit pas se montrer, mais se laisser voir. Donnez-lui « le nécessaire, rien de plus. » Quelques jours après, le comte Frochot lui apporta le plan rectifié. « Avez-vous, lui « dit Napoléon, fait étudier un bon système d'approvision-« nement de la ville ? » Et comme le préfet s'excusait en disant qu'il avait songé seulement à la halle du centre : « Votre halle, répliqua Napoléon, ne satisfera pas à tous « les besoins qui s'accusent; la femme de l'ouvrier, la « bonne ménagère qui habite le faubourg Saint-Antoine ou « celui du Roule ne perdra pas deux heures pour aller à « votre halle centrale. Multipliez vos marchés d'arrondisse-« ment, créez-en ici, là, partout où l'ouvrier le demande, « où la bonne ménagère le réclame (1). »

Et comme l'Empereur, lorsqu'il donnait des ordres, en-

---

(1) *Dict. adm. et hist. des rues de Paris*, p. 84.

tendait être obéi, les marchés Saint-Germain, Saint-Martin, des Carmes, des Blancs-Manteaux, furent construits.

L'Entrepôt des vins, une des richesses de la rive gauche, est encore une de ces belles créations dont l'honneur remonte à l'époque impériale. La halle aux vins établie en 1656 étant insuffisante, l'Empereur conçut le projet d'un entrepôt général, afin de rendre Paris le centre de tout e commerce des vins avec le Nord, et d'y assurer constamment, avec sécurité pour les négociants, l'abondance et le bas prix de cette marchandise. Par son décret du 30 mars 1808, il en ordonna la création.

Le but du gouvernement impérial était aussi de concentrer et de surveiller plus efficacement la branche la plus productive de l'impôt indirect, qui, de tout temps, s'est le plus prêtée à la fraude et aux combinaisons de toutes sortes afin d'échapper à l'action de la loi.

Telle fut la pensée libérale qui présida à la création de l'entrepôt général des liquides. D'après le plan primitif, cet établissement devait s'étendre de l'ancienne rue de Seine (aujourd'hui rue Cuvier) à la place Maubert, sur une façade d'environ 1,500 mètres. Un canal devait le parcourir dans toute sa longueur.

La chute de l'Empire empêcha la réalisation de cette magnifique conception, qui aurait doté la ville de Paris du plus beau marché de l'Europe, et l'Entrepôt fut réduit à ses proportions actuelles.

L'établissement des greniers de réserve témoigne encore de la sage prévoyance de l'Empereur. La construction en fut ordonnée par un décret du 12 août 1807. Napoléon voulait que 9,600,000 fr. fussent consacrés à cet établissement, afin qu'il pût contenir 100,000 sacs de farine. Mais, en cette circonstance encore, cette création de l'Empereur fut amoindrie, mutilée par l'incurie de l'administration municipale.

Au commerce, à l'industrie et aux grandes affaires, il donna un palais, la Bourse, construit sur l'emplacement de l'ancien couvent des Filles-du-Calvaire. A la gloire de la France, au sentiment de la grandeur nationale, il dressa des arcs-de-triomphe, des temples et des colonnes. Il agrandit les Tuileries ; il donna neuf fontaines à la rive gauche, et huit à la rive droite.

Sous son règne, soixante rues nouvelles sont ouvertes. Ce sont : les rues de Castiglione, de Mondovi, des Pyramides, de Rivoli, de la Paix, Tronchet, etc.

Parmi les places on distingue celles du Châtelet, de Rivoli, Mazas, Walhubert, de la Bourse, etc.

Plusieurs ponts sont construits et reçoivent, ainsi que les quais nouvellement bâtis, un glorieux baptême. C'est le pont du Jardin-des-Plantes qui s'appelle pont d'Austerlitz C'est le pont d'Iéna, dont le décret est daté du 13 janvier 1809, au palais de Varsovie. C'est le quai de la Bucherie, qui prend le nom de Montebello.

Les sommes dépensées sous le Consulat et l'Empire pour l'embellissement de Paris dépassent cent vingt millions !

Le nombre des décrets impériaux qui intéressent la ville de Paris s'élève à cent quatre-vingt-douze !

Paris a reçu plus d'améliorations dans ces douze années, qui commencent au Consulat, que dans un siècle de royauté ordinaire.

L'Empereur avait dit : *Parisiens, je vous aime !*

Le roi Louis XVIII conserva à la tête de la municipalité parisienne M. le comte Chabrol de Volvic. — « M. le comte de Chabrol a épousé la ville de Paris, dit-il, et j'ai aboli le divorce. » L'impulsion donnée sous l'Empire aux améliorations se continua ainsi tout naturellement. Cent trente-deux rues nouvelles furent ouvertes de 1814 à 1830, pour répondre aux besoins de la circulation, que le nombre toujours croissant des voitures rendait de plus en plus difficile. Le commerce de luxe se porta sur les boulevarts, le long desquels deux cent quatre-vingt-dix maisons furent construites de 1818 à 1829. Et, vers 1830, six cents hôtels magnifiques, dont quatre cent quatre-vingt-quatre avaient été construits sous l'administration de M. de Chabrol, avaient tout-à-fait transformé le quartier de la Chaussée-d'Antin, où l'on ne voyait, vers 1760, que trente-deux maisons de chétive apparence. L'église de Saint-Denis-du-Saint-Sacrement, la Chapelle expiatoire, furent aussi construits sous la Restauration, et une ordonnance royale du 24 avril 1816 ordonna la création de l'École des beaux-arts, dont les constructions, élevées sur les dessins de M. Debret, ajoutèrent un magnifique monument à ceux que possédait déjà la rive gauche. L'idée première de cette institution appartient cependant à l'Empire, car on lit dans un décret du 24 février 1811 : « On s'occupera cette année de la construction d'une école « des beaux-arts. Cet édifice devra contenir d'abord les « salles communes destinées aux leçons des professeurs et « aux concours de l'école, ensuite les beaux ateliers que « nous nous réservons de distribuer comme récompense « aux principaux artistes, peintres et statuaires. »

Le 22 juin 1833, le roi Louis-Philippe appela à la préfecture de la Seine M. le comte de Rambuteau. Ce choix, que justifiaient à tous égards les qualités personnelles de l'élu et ses honorables antécédents, fut un choix très heureux. M. de Rambuteau prit à cœur les intérêts et les besoins de la ville, et l'on retrouve dans les actes nombreux de sa longue administration les vieilles et honorables traditions des prévôts des marchands. Les travaux exécutés pendant son administration sont nombreux, et témoignent d'une profonde connaissance des besoins de la ville.

L'agrandissement de l'Hôtel-de-Ville était depuis longtemps devenu nécessaire, et le préfet tenait à faire du palais municipal un monument à la hauteur de sa destination. Mais les dépenses effrayaient le conseil : il fallait batailler. Enfin, à force de soins, d'habileté et de patience, le palais fut construit.

Entre les deux rives de la Seine, la Cité était comme un fouillis inextricable, qui semblait devoir, malgré les ponts, les tenir éloignées. Une population infime naissait, souffrait, mourait, depuis des siècles, dans cet affreux quartier, sans sortir d'une atmosphère putride. Les rues étroites et fangeuses ont disparu, remplacées par les rues d'Arcole et de Constantine, qui ont tout à la fois assaini la Cité et rendu plus faciles les communications entre les deux rives, que les anciens quartiers tenaient forcément séparées quelques années auparavant.

Les quartiers Sainte-Avoie, des Lombards et des Marchés, renfermant une population d'ouvriers, d'artisans, demeuraient depuis longtemps étrangers à toute espèce d'améliorations, tandis que le luxe, la richesse, inondaient certaines parties de la ville qui n'offraient au commencement de ce siècle que des terrains en friche.

Cette inégalité choquante attira toute l'attention du comte de Rambuteau, qui créa, comme par enchantement, la belle voie qui rattache ces quartiers au centre d'approvisionnement de la capitale, et à laquelle la reconnaissance

— 42 —

publique a donné le nom de l'administrateur qui en avait conçu le projet et surveillé l'exécution.

Le nombre des rues ou parties de rues ouvertes depuis 1830 jusqu'en 1848 s'élève à cent douze, savoir : sur la rive droite, quatre-vingt-neuf, et sur la rive gauche, vingt-trois.

M. de Rambuteau se montra sympathique aux beaux-arts, et plusieurs églises furent construites et restaurées pendant son administration.

Le service des prisons, qui laissait tant à désirer, fut grandement amélioré. Il fit construire la maison d'arrêt de Mazas, le pénitencier des jeunes détenus, et le dépôt des condamnés.

La distribution des eaux dans Paris reçut aussi un notable accroissement : un nombre considérable de bornes-fontaines, d'immenses réservoirs, treize fontaines monumentales, furent construits à cette époque.

« J'ai toujours considéré, a dit M. de Rambuteau, les
« nobles fonctions de premier magistrat de Paris comme
« une espèce de sacerdoce qu'on est heureux et fier
« d'exercer dignement. Mes administrés, je les regardais
« tous comme mes enfants, dont les pauvres étaient les
« aînés (1). »

Aussi le nom de M. le comte de Rambuteau est resté cher à la population parisienne, dont il s'efforça toujours de soulager les misères et d'élever la condition.

Et maintenant, que pourrions-nous dire des transformations, des améliorations immenses opérées à Paris du jour

---

(1) Lettre du comte de Rambuteau à M. L. Lazarre, directeur de la *Revue municipale.*

au lendemain, que chacun ne connaisse, que chacun n'ait pu voir de ses yeux ébahis?

Le commerce et l'industrie de Paris et de la France entière auront demain à leur service ces colossales machines, ces docks, qui permettent d'économiser tant de travail et de frais de tout genre, que l'Angleterre les compte au nombre des éléments les plus sérieux de sa prospérité.

Les approvisionnements, centralisés dans des halles grandes comme une ville, deviendront plus faciles et plus économiques. Encore quelques jours, et l'industrie du monde entier exposera ses merveilles dans un palais de fées.

L'arc de l'Étoile devient le centre de voies nouvelles dont la splendeur dépassera, sans doute, nos plus riches quartiers. Les boulevarts se continuent, comme l'avait voulu Napoléon Ier, jusqu'au parc Monceaux. Le Louvre et les Tuileries, ce joyau de la grande cité, sont déjà réunis; demain, ils seront achevés. La rue de Rivoli, ouvrant au travers des quartiers les plus embrouillés une voie magnifique, assure un air salubre à cent mille habitants, et tend à ramener la ville dans son centre. Mais la régularisation de la place de l'Hôtel-de-Ville, l'ouverture du boulevart de Strasbourg, l'ouverture de la rue perpendiculaire au milieu de la façade du palais municipal, la construction de l'hôtel des Postes, place du Châtelet, l'achèvement du Palais-de-Justice, le dégagement de la Cité, la reconstruction des vieux ponts, tous ces travaux de géants devant lesquels la population s'arrête, s'étonne, et admire, rendront bientôt sensible à tous cette grande pensée du rétablissement de l'équilibre dans l'assiette de la grande cité.

Ces voies monumentales, ces quartiers magnifiques qui remplacent, depuis l'Hôtel-de-Ville jusqu'au Louvre, les vieux quartiers sales et embrouillés que la population commerçante et aisée avait été forcée de déserter, c'est en effet plus que la restauration de quartiers insalubres : c'est la ville devenue raisonnable, se rapprochant de cette Seine au sein de laquelle et par laquelle elle a grandi.

Ces vieux ponts qu'on restaure, ces passerelles qu'on remplace par de beaux ponts de pierre solides et commodes, ce sont les traits d'union qui doivent lier d'un lien indissoluble les deux sœurs jumelles que tant d'obstacles séparaient. C'est la rive gauche appelée à jouir, elle aussi, de la prospérité de la ville moderne. Ce sont les vieux quartiers du XIIe assainis, ses rues rendues praticables, ses friches couvertes de constructions.

La rue des Écoles, ce grand ventilateur, comme l'appelle un illustre savant, poussant devant elle une large trouée, a déjà commencé l'œuvre de réparation et de justice ; mais l'ouverture de la rue des Écoles, c'est encore plus qu'un acte de saine administration et de justice, c'est un acte d'humanité.

Ce que Paris sera le jour où nos lignes ferrées en auront fait le centre de l'activité de la France ; le jour où cette activité sera multipliée par la vapeur, cette merveille du XIXe siècle, ce nouvel instrument d'une autre renaissance ; le jour où les États européens seront plus voisins de Paris qu'autrefois nos provinces : ce que Paris sera ?... on ne saurait le dire... mais Paris sera ce qu'il doit être.

CHAPITRE II.

Je veux absolument que les deux partyes de ma bonne ville de Paris, ma capitalle, soyent traictées comme deux bonnes sœurs jumelles.

Henri IV.

Ceci serait mauvais si les gros se trouvaient d'un côté et les menus de l'autre ; ce serait beaucoup mieux mellangé. Il ne faut pas deux cités dans Paris, la ville du fortuné et la bourgade du pauvre. Or donc, faites pour l'une autant que pour l'autre, c'est mon advis.

François Myron.

L'administration municipale s'est jusqu'ici montrée très parcimonieuse envers les arrondissements de la rive gauche.

Général Poncelet,
*Membre de l'Institut, ancien gouverneur
de l'Ecole polytechnique.*

Nous avons vu s'ouvrir autour de nous une multitude de rues nouvelles ; on a agrandi et assaini nos marchés, reconstruit nos quais, complété de vastes et beaux monuments ; on s'est appliqué même à corriger les inégalités naturelles du sol, et, grâce à ces améliorations sans nombre, une grande partie de notre cité a changé de face.

Mais les plus vieux quartiers de la rive gauche n'ont point participé à ce mouvement général. Leur condition semble, au contraire, s'être empirée ; car c'est déchoir que de rester stationnaire, lorsque autour de soi tout est en progrès.

M. Milne-Edwards,
Doyen de la Faculté des sciences.

CHAPITRE II.

LA RIVE GAUCHE.

La rive gauche n'a pas suivi les progrès de la droite. — Le commerce ne pouvait d'abord occuper qu'une rive. — Population de la rive gauche. — Deux villes dans Paris. — La rivière isolait les deux villes. — Le Pont-Neuf. — Influence des ponts. — L'Empereur attache complétement les deux rives l'une à l'autre. — Les quais, amélioration fondamentale du Paris de nos jours. — La rive gauche, négligée à toutes les époques par l'administration, a conservé ses vieux quartiers. — Sa part dans les dépenses consacrées aux améliorations. — Pertes qu'elle a subies. — Négligence des établissements qu'elle renferme. — La vieille rive gauche, XIe et XIIe arrondissements. — La rive gauche moderne, XIe et X^e arrondissements. — Accidents dans les rues trop étroites. — Le Pont-Neuf relié par la rue de Nevers avec le chemin de l'Ouest. — Mémoire de la commission du Xe. — Le projet de M. L. Pontbieu. — Le pont de l'Alma. — Les améliorations marchent dans le Xe. — Nécessité et urgence de transformer les XIe et XIIe arrondissements.

La rive gauche n'a pas suivi, et ne pouvait pas suivre les progrès de la droite. Elle ne les a pas suivis, parce que, les rapports de l'industrie et du commerce exigeant des communications aussi promptes et aussi faciles que possible, les établissements industriels, les dépôts de marchandises, se placent les uns à la portée des autres autant que le permettent la nature et la disposition des lieux ; et il faut bien remarquer que si les fleuves facilitent les transactions commerciales et rapprochent les intérêts, cela s'entend des intérêts placés à de longues distances.

Deux centres industriels placés sur une ligne navigable à cent lieues de distance seront assurément dans de meilleures conditions pour opérer leurs transactions et contribuer à leur prospérité réciproque, que s'ils étaient dans la nécessité d'opérer par des routes l'échange de leurs produits. Mais deux établissements séparés par un fleuve de cent mètres de large seront bien plus éloignés l'un de l'autre, au point de vue de la facilité des transactions et des rapports de chaque jour, que s'il n'y avait entre eux que quelques centaines de mètres de terrain solide et uniforme, sur lequel on pourrait ouvrir à peu de frais des chemins praticables.

Aussi, presque toutes les villes situées le long des fleuves sont-elles, à bien peu près, construites sur une seule rive, sur celle, en général, où les premiers établissements furent d'abord fondés.

Aussi, lorsque le commerce et l'industrie du vieux Paris s'établirent sur le plateau de la rive droite, qui présentait les plus grandes commodités, imposèrent-ils à tous les intérêts qui devaient avoir des rapports avec eux la nécessité de se fixer sur cette rive.

Pour vivre de la vie industrielle de la cité nouvelle, il fallait être à sa portée ; et alors que la rive gauche n'était liée à la droite que par de méchants ponts, alors que la Cité et son fouillis de rues inextricables rendaient la traversée encore plus difficile, se fixer sur la rive gauche c'était, de parti pris, se mettre dans l'impossibilité de s'associer au mouvement de l'industrie et du commerce. La rive gauche ne pouvait donc être occupée d'abord que par une population dont la vie devait être étrangère aux affaires ; et c'est justement là ce qui est arrivé.

Les communautés religieuses, les établissements scientifiques, que le bruit de la ville eût gênés, passèrent la rivière. Il se fit deux villes dans la ville : sur la rive droite, la ville de l'industrie, du commerce et de la politique, la ville des intérêts matériels et de l'activité physique ; sur la rive gauche, la ville de la retraite, de la méditation, de la prière et de la science, la ville de l'activité intellectuelle et morale.

Et ce classement une fois établi, les développements des deux cités voisines marchèrent côte à côte, mais à pas inégaux.

Les besoins matériels étant bien plus nombreux, surtout dans une société qui commence, que les besoins intellectuels et moraux, la somme des efforts que la population consacre à la satisfaction des premiers dépasse de beaucoup ceux qui sont employés à pourvoir aux seconds. La population qui s'y applique est plus nombreuse, et, sous tous les rapports, il lui faut plus d'espace. L'attraction qu'elle exerce sur les populations voisines est plus énergique et plus impérieuse que celle que peuvent exercer des groupes scientifiques. Ces populations sont d'ailleurs bien plus aptes et bien plus disposées à la subir, et les centres industriels ou commerçants s'accroissent avec une rapidité dont aucun centre scientifique n'a jusqu'ici pu fournir un exemple.

Les fondations religieuses avaient été pendant des siècles de plus en plus nombreuses ; la puissance des communautés s'était accrue de jour en jour ; les colléges et l'Université avaient acquis une réputation immense. La population de fournisseurs et de marchands, qui s'établit partout où le plus petit groupe lui crée un intérêt, suivait depuis longues années les progrès de la ville latine et s'accroissait avec sa population propre ; des industriels, des commerçants, s'entassaient sur les points les plus voisins des ponts et le plus en rapport avec la ville du commerce. Cependant, du règne de Philippe-Auguste à celui de François Ier, du XIIe au XVIe siècle, la ville de la rive gauche avait à peine couvert l'intérieur des fortifications de Philippe-Auguste, et couvert de jardins plutôt que de maisons. Mais la ville du commerce, au contraire, avait grandi à tel point qu'elle occupait au moins quatre fois plus d'espace que Philippe-Auguste n'en avait entouré de murailles.

Elle avait envahi comme une mer qui monte tout le terrain voisin; elle s'étendait le long de la rivière aussi bien en amont qu'en aval; elle se répandait partout dans la campagne. Mais en débordant ainsi par les deux bouts la position étroite bâtie sur l'autre rive, elle n'eut plus un beau jour devant elle que des champs cultivés, des vignes et des prés. C'était, du côté du couchant, le petit et le grand Pré-aux-Clercs, la butte des Saints-Pères; au levant, les îles de Notre-Dame, aux Vaches et Louvier, l'immense clos du Chardonneret, libre au dedans des murs; et plus loin les terres d'Alez et les prés de la Bièvre.

Tandis que du côté du nord les terrains disponibles étaient à de longues distances, les terrains de la rive gauche étaient à quelques pas. Ils étaient tout voisins; mais il fallait passer le fleuve pour en tirer parti.

Alors on s'avisa de multiplier les ponts, et dès ce jour une nouvelle époque commença pour Paris. Les ponts, c'était, en effet, l'obstacle opposé par le fleuve à peu près complétement détruit; c'était la liaison des deux rives opérée; c'était Paris pouvant tirer deux fois parti du passage du fleuve; c'était la ville entière doublant son importance, multipliant ses rapports, accroissant sa fortune.

L'auteur, le héros de ce nouveau progrès, ce fut François Myron, qui bâtit le Pont-Neuf. Ce grand administrateur, qui connaissait si bien les besoins de la ville, et qui lui était si complétement dévoué, comprit combien il importait de mettre à la disposition de la population tout entière ces immenses terrains de la rive gauche, que la rivière et la Cité rendaient inabordables ; mais qui pouvaient, tout d'un coup, être mis en contact avec le centre de la ville, en construisant un large pont à l'extrémité occidentale de l'île, au-dessous des terrains sur lesquels se pressaient les maisons.

La pensée de messire Myron ne tarda pas à produire de précieux résultats. Les constructions envahirent les terrains du faubourg Saint-Germain. La ville s'étendit par dessus la rivière sur la rive opposée ; la fusion des deux populations, jusque-là si distinctes, commença à se faire.

Louis XIII poursuivit, quelques années plus tard, cette pensée féconde ; il fournit à la partie orientale de la ville les moyens de s'étendre sur l'île Notre-Dame et sur la rive gauche. Le chenal qui séparait l'île de Notre-Dame de l'île aux Vaches fut comblé, la nouvelle île fut reliée aux deux rives par les ponts Marie et des Tournelles ; et en amont comme en aval de la Cité, les deux rives de la Seine furent rapprochées et soudées l'une à l'autre.

Aussi, dès cette époque, la rive gauche, rendue abordable à la population de l'autre rive, rapprochée du centre des affaires, reliée par des liens plus nombreux à la vie si active de la ville industrielle et marchande, fait des progrès considérables. Les avantages résultant de rapports plus fréquents deviennent chaque jour plus frappants ; des monuments, des établissements immenses, sont fondés sur les vastes terrains que les ponts ont rendus si voisins de la ville. Peu à peu, cependant, la liaison doit devenir encore plus complète et suivre les besoins des populations des deux rives. Louis XIV construit le pont Royal; Louis XVI, le pont de la Concorde; et l'Empereur complète la fusion des deux rives en reliant leurs deux extrémités par le pont d'Austerlitz et celui d'Iéna.

Mais le génie de l'Empereur lui avait fait comprendre que Paris, au point où il en était venu, devait subir une rénovation, et qu'il y avait à y créer des voies de communication en rapport avec les besoins d'une circulation chaque jour plus active.

Paris, c'était, si l'on peut dire, une immense forêt de constructions dont les aménagements et les voies de communication nécessaires à son exploitation étaient complétement à faire. L'œuvre était difficile, mais l'Empereur l'entreprit hardiment et l'attaqua de front.

La première ligne dont il y avait à se préoccuper, celle dont la nécessité était le plus urgente et dont les conséquences devaient être le plus utiles, c'était la grande ligne que le passage du fleuve ouvre tout naturellement au milieu de la ville.

Rendre les abords de la Seine faciles et commodes, créer sur les deux rives ces deux lignes de quais qui n'ont pas leurs pareils au monde, c'était rendre plus profitables les services de la navigation; c'était fournir à la circulation, au travers de la ville, des lignes qui devaient multiplier les rapports et les rendre plus productifs; c'était faciliter le transit d'une rive sur l'autre; c'était rejeter dans le centre et mettre à la portée de tous l'activité de l'industrie et du commerce, que son isolement sur des points excentriques rendait moins productive; c'était enfin ouvrir aux améliorations futures la voie la plus juste, la plus simple et la plus sûre à parcourir. Car, les quais une fois achevés, les voies nouvelles de communication devaient graduellement s'ouvrir à travers les deux rives, et assurer de la façon la plus complète la fusion des deux rives et leur prospérité commune.

Malheureusement la chute de l'Empire laissa l'œuvre incomplète. Les influences nombreuses dont pouvaient disposer les quartiers les plus riches et les plus populeux exercèrent sur la marche ultérieure des améliorations une pression fâcheuse; et, dans la période de la transformation de la ville, comme dans celle de son premier développement, la rive gauche se traîna à la remorque de la rive opposée, et n'eut pour ainsi dire que les reliefs du festin.

On a peine à le croire, mais à peu près à toutes les époques, la rive gauche a été sacrifiée à la rive opposée. C'était pour les administrations diverses qui se sont succédé dans la tutelle de ces *deux sœurs jumelles* comme un enfant indigne de soins et d'attention, comme un pays perdu dont les besoins et l'avenir n'avaient pas à entrer en balance avec ceux de la ville marchande; et la rive gauche, associée par les ponts à la vie et à l'avenir de la rive opposée, a conservé jusqu'à nos jours, à peu de chose près, la physionomie qu'elle prenait au fur et à mesure du développement de ses divers quartiers.

« Sur la rive droite il était facile soit de créer, soit d'améliorer; le commerce se prêtait merveilleusement aux innovations utiles, dont en réalité il recueillait les bénéfices. Voulait-on élargir une rue, les propriétaires s'imposaient eux-mêmes une cotisation dont ils fixaient le chiffre selon l'importance de leurs immeubles, et puis il y avait hors des murs de l'enceinte de Charles IX, au nord, de vastes plaines, de grands marais qu'absorbait lentement, mais toujours, cette ville qui avait tant besoin d'air et d'espace. Ainsi, la préférence de la prévôté des marchands pour la rive droite s'explique aussi aisément que son antipathie pour la rive gauche.

« Les prévôts voulaient-ils améliorer la ville au midi, des obstacles, des procès sans fin; du côté du nord, ils trouvaient tout, bienveillance, argent et appui. Pour ceux qui ont étudié l'histoire municipale de Paris, non-seulement dans des livres, mais encore avec les actes de la prévôté des marchands, voilà la source première de l'indigence d'une partie de la capitale et l'origine de la splendeur de l'autre.

« Cependant, malgré notre respect pour l'ancienne prévôté des marchands, nous pouvons dire que ses préférences devinrent par trop exclusives.

« Ainsi, dans une période d'un demi-siècle, de 1650 à 1700, la rive gauche qui, par le nombre des constructions, par la superficie qu'elle occupait encore, comptait pour un tiers de Paris, ne figure, d'après les calculs les plus exacts, que pour 1/22e dans le chiffre total des dépenses de la ville. De 1700 à 1750, ce chiffre descend à 20 1/4, et de 1750 à 1789, époque où l'institution de la prévôté fut détruite, ce chiffre s'abaisse encore à 1/49e.

« Pour se montrer à peu près juste, la prévôté des marchands devait au moins employer le tiers de ses finances au profit de cette partie de la capitale, qui en avait le plus pressant besoin. Loin d'agir ainsi, elle laissa pendant près de deux siècles plusieurs quartiers sans aucune espèce d'améliorations.

« Parmi ces quartiers déshérités, ceux qui avoisinaient la **montagne Sainte-Geneviève**, et qui forment aujourd'hui la plus grande partie des XIe et XIIe arrondissements, ont droit de se plaindre avec le plus d'amertume.

« La ville, en absorbant le bourg Saint-Marcel et le territoire du mont Cœtard (depuis Mouffetard), les a, pour ainsi dire, laissés dans la même nudité pendant plusieurs siècles, tandis qu'elle répandait à pleines mains les améliorations de l'autre côté du fleuve. Quant aux quartiers à droite de la montagne Sainte-Geneviève et plus près de la Seine, qui avaient pour grandes artères les rues Saint-Jacques et de la Harpe, ils semblaient condamnés jusqu'à nos jours à l'abandon le plus complet. Cet abandon était si manifestement injuste, que nous sommes en mesure de prouver que la dépense pour ces deux grandes voies n'excède pas, dans une période de près d'un siècle, la somme de 40,000 livres.

« Et cependant cette partie de la capitale devait être regardée comme la plus intéressante de Paris : c'était le cœur de cette Université qui a porté si loin et si haut le nom de la France ; elle comptait cinquante-trois colléges, d'où sont sorties nos gloires les plus pures, nos plus belles illustrations.

« L'histoire de Paris nous offre bien des exemples de cet abandon, qui se perpétue encore de nos jours. Une des rues de ce quartier s'appelait, au commencement du XIVe siècle, rue au Feurre, depuis, par altération, rue du Fouarre. En vieux langage, feurre signifiait paille, et ce nom avait été donné à cette voie publique parce que les écoliers, en prenant leurs leçons, étaient assis sur la paille qui jonchait cette rue.

« En 1358, l'Université se plaignit au régent de ce que, dit Sauval, la rue au Fouarre était, chaque nuit, encombrée d'immondices et d'ordures fétides apportées par des hommes malfaisants. De plus, on enfonçait les portes de l'école pour y introduire des filles publiques qui y passaient la nuit et souillaient les lieux où se plaçaient les écoliers, ainsi que la chaire du professeur. Sur cette plainte, le régent ordonna qu'il serait établi deux portes aux extrémités de la rue au Feurre, et que ces portes seraient fermées la nuit.

« Quant au commerce, il était à peu près nul dans cette partie de la capitale; seulement, au sud-ouest de la ville, les religieux de Saint-Germain-des-Prés avaient établi sur des terrains qui dépendaient de leur abbaye une foire franche, et le roi Louis XI leur avait permis de construire trois cent quarante loges, qui servirent plus tard de dépôts aux principales fabriques de France et de l'étranger. Le peuple achetait aux halles; mais le riche bourgeois, la noblesse, s'approvisionnaient à la foire Saint-Germain.

« Vers 1780, ce dernier équilibre commercial fut rompu. La foire Saint-Germain-des-Prés fut fermée, malgré la résistance qu'opposait à cet acte injuste la prévôté des marchands. Comme toujours, la rive droite tira parti de cette spoliation.

« Le roi Louis XVI, par lettres-patentes du 13 août 1784, permit au duc d'Orléans d'accenser les terrains et bâtiments du Palais-Royal parallèles aux rues des Bons-Enfants, Neuve-des-Petits-Champs, de Richelieu, et trois grandes galeries destinées à fournir un superbe bazar s'élevèrent autour du jardin.

« Mais bientôt devait se présenter pour la rive gauche l'occasion de prendre sa part des faveurs municipales.

« Le 2 novembre 1789, l'Assemblée constituante supprimait les ordres monastiques, et déclarait les biens du clergé propriétés nationales et aliénables. Aussitôt les obstacles qui arrêtaient les améliorations de ce côté de la ville sont détruits, fauchés... plus rien. L'État, ayant à sa disposition, sous sa main, tous ces grands établissements, tous les immeubles qui en dépendaient, les vendit par lots, soit à la condition de percer des rues sur l'emplacement des communautés supprimées, soit avec la clause d'élargir les voies trop étroites.

« Les moyens d'amélioration étaient immenses, les trois quarts des couvents se trouvant sur la rive gauche, qui comptait 2,797 immeubles devenus propriétés nationales.

« Mais, pour tirer parti de tant de richesses, il fallait à la tête de l'administration municipale de grands magistrats : Paris n'eut que des hommes politiques, et les richesses domaniales restèrent improductives (1). »

« Du 16 septembre 1807 au 1er janvier 1849, c'est-à-dire dans un espace de quarante-un ans, la ville a payé pour terrain livré à la voie publique 16,088,685 fr. 55 cent. — Quelle a été la part de la rive gauche ? 2,767,444 fr. 05 cent.

« De l'an VI à la même année 1849, pendant une période de cinquante-un ans, l'élargissement de la voie publique par mesure d'expropriation ou d'acquisition amiable a coûté la somme de 65,495,585 fr. 66 cent. La rive gauche est le tiers de tout Paris, le tiers au moins par sa population, par son étendue, par l'impôt qu'elle paie. Si on ne l'a pas déshéritée, comme dit M. Berger, elle a dû recevoir pour 21 millions au moins d'améliorations. Eh bien, sa part n'a été que de 9,685,544 fr. 85 cent.

« Ce n'est pas tout. L'administration emprunte 50 millions. La rive gauche avait bien le droit d'espérer qu'on se souviendrait d'elle, qu'on lui donnerait une espèce de satis-

(1) *Revue municipale*, p. 320.

faction; car, enfin, sur cet emprunt, elle remboursera au moins 17 millions! Mais comme elle n'est pas déshéritée le moins du monde, d'après M. le préfet, elle n'a pas un centime de cet emprunt; tout est employé pour la rive droite, et ne suffira pas même. Puis le premier magistrat de la ville ajoute, avec une ingénuité bien virginale, que le seul moyen qu'on fasse les travaux sur la rive gauche, c'est de lui donner (à lui préfet) par l'emprunt les moyens de faire les travaux de la rive droite (1).

« Depuis un demi-siècle surtout, la rive droite absorbe, aux dépens de sa sœur tristement délaissée, la presque totalité des ressources municipales. Nous sommes en mesure de prouver sans réplique que, depuis l'année 1800 jusqu'au 1er janvier 1850, les trois arrondissements qui composent la rive gauche et forment le tiers de tout Paris ne sont entrés dans les dépenses résultant des grands travaux de voirie que dans la proportion de 11 0/0.

« Dans certaines périodes, l'inégalité est encore plus déplorable. En voici des exemples qui, nous en sommes certain, impressionneront vivement l'autorité supérieure.

« De 1831 à 1838, la ville de Paris a dépensé en travaux d'embellissements et d'assainissement de la voie publique une somme de . . . .   12,191,276 fr.
La part de la rive droite a été de . .   11,357,644
Celle de la rive gauche de   833,632

Total égal   12,191,276

« Cette disproportion, au lieu de s'amoindrir, devient plus fâcheuse encore dans la période suivante. De 1831 à 1841 les dépenses concernant les mêmes travaux d'embellisse-

---

(1) *Revue municipale*, p. 652.

ments et d'assainissement s'élèvent à . 17,678,730 fr.
La part de la rive droite est de . . . 15,231,183
Celle de la Cité (partie intermédiaire) . 1,285,364
La rive gauche proprement dite est de 1,162,183

Total égal (1) . . . 17,678,730

Abandonner la rive gauche à ses propres ressources; laisser ses vieux quartiers, ses ruelles du temps où pas une voiture ne roulait dans Paris, dans la même situation que le jour où les premières constructions y furent élevées; lui faire payer très régulièrement des impôts qui servaient aux améliorations de l'autre rive, c'était assurément de l'injustice et de la mauvaise administration. Pourtant, on a fait pis encore.

—La rive gauche n'est plus la rivale de l'autre, elle est sa victime, a dit M. Louis Lazarre, qui a dépensé tant de travail et de talent pour obtenir la fin de ces iniquités. Les faits ne justifient que trop ce cri d'indignation.

La foire Saint-Germain, qui pouvait assurer la prospérité commerciale d'une grande partie des xi et x° arrondissements, est supprimée par Louis XVI au profit du Palais-Royal.

Sous prétexte que le pont de la Tournelle avait besoin de réparations, le marché aux fruits est transporté sur l'autre rive et, malgré toutes les réclamations possibles, il y est demeuré.

Le port aux tuiles, le port aux foins, le débarcadère des bateaux à vapeur, ont de même été l'un après l'autre enlevés à la rive gauche et portés sur la rive droite.

L'entrepôt des vins, qui pouvait et pourra, quand on

(1) *Revue municipale*, p. 1137.

voudra, mettre à l'abri de la sophistication l'un des éléments les plus indispensables à la vie, a été négligé, sacrifié aux intérêts d'une spéculation désordonnée campée sur l'autre rive.

Le droit de gerbage accordé à Bércy est toujours refusé au port de l'entrepôt, et la ville n'a encore rien fait pour assurer à cet établissement magnifique le droit d'émettre des warrants, qui eût pourtant triplé son importance, régularisé le commerce des vins, accru les bénéfices que le budget municipal retire des octrois.

Sur la rive gauche, il y a encore à faire, à peu près, tout ce qui établit la différence entre une ville d'autrefois et une ville dont les rues, les constructions, les établissements d'utilité publique, répondent aux besoins de la civilisation moderne.

Aussi, l'importance des améliorations à entreprendre dépend, tout à la fois, des besoins généraux de la circulation et de l'ancienneté des différents quartiers.

La rive gauche présente, dans son état actuel, deux physionomies distinctes, deux caractères bien nettement tranchés.

Le XIIe arrondissement et la partie du XIe qui en est la plus voisine renferment les quartiers que l'enceinte de Philippe-Auguste protégeait autrefois. Tout y est à refaire, autant parce que ces quartiers, avec leurs constructions et leurs ruelles du XIIe siècle, ne sont plus habitables, que parce qu'ils opposent un obstacle absolu à l'amélioration et au développement de tous les points qui les entourent. Ils ne répondent à aucun des besoins de la ville moderne. Ils sont une barrière infranchissable aux rapports que les autres parties de la rive gauche pourraient avoir non-seulement entre elles, mais encore avec l'autre rive. Leur transformation aurait pour conséquence nécessaire la prospérité de toutes les parties de la ville qu'ils entravent aujourd'hui, et nulle entreprise ne pourrait contribuer plus efficacement à l'accroissement du bien-être de la population.

A part quelques quartiers d'assez peu d'importance, le Xe arrondissement et la partie du XIe qui en est la plus voisine n'ont été construits que dans les XVIIe et XVIIIe siècles, lorsque François Myron eut bâti le Pont-Neuf, et Marie de Médicis le beau palais du Luxembourg. Le faubourg Saint-Germain reçut alors une population d'élite. La noblesse y éleva ses hôtels, Louis XIV y fonda les Invalides, Louis XV y plaça l'École-Militaire. Aussi, le faubourg Saint-Germain eut-il, dès sa naissance, un air d'aisance et de grandeur qui en font encore de nos jours l'un des plus magnifiques quartiers de la cité entière.

Sans être d'une grande largeur, les rues, bordées de constructions en général peu élevées, y sont bien aérées, et il a fallu l'accroissement prodigieux de la circulation pour faire désirer que les plus fréquentées, comme la rue du Bac, eussent plus de largeur.

Malheureusement, les voies de communication qui relient le Xe arrondissement au XIe et au centre de la rive droite sont loin d'être dans un état qui réponde à la situation de l'arrondissement et aux besoins de la circulation générale. Les rues du Four et Saint-André-des-Arts, surtout, sont tout-à-fait insuffisantes pour les besoins nouveaux. De 1838 à 1852, quatre-vingt-dix personnes y ont été tuées ou blessées par des voitures. Dans le bas de la rue de Seine, de 1834 à 1852, vingt-sept voitures ont été brisées, vingt-quatre personnes ont été blessées et huit ont été tuées.

La nécessité de remédier à cet état de choses a été rendue plus impérieuse encore par la construction du débarcadère du chemin de fer de l'Ouest au boulevart du Montparnasse. Mais les habitants de l'arrondissement se sont préoccupés des moyens d'obtenir les améliorations dont ces rues ont besoin, et, le 17 mai 1852, la commission des propriétaires du xe arrondissement adressait au Président de la République un mémoire où les besoins de cette partie de la rive gauche sont exposés avec trop de puissance pour que nous ne croyions pas devoir le reproduire tout entier.

La commission se composait de MM. vicomte de Chabrol-Chaméane, président. — Baron Baude, ancien préfet de police, vice-président. — Amédée Durand et de La Roquette, secrétaires. — Bourriat. — Boulard, ancien maire de Paris. — Chargrass. — Duc de Castries. — Comte Napoléon Daru, ancien vice-président de l'Assemblée nationale. — Duphot. — Hérard, architecte. — Fourdrèse. — Baron Feutrier, ancien préfet. — Gaultier de Claubry.— Gerdès. — Gidde, imprimeur. — De Jouvencel. — Comte Hervé de Kergorlay.— Vicomte Hutteau d'Origny, ancien maire de Paris. — Lerey. — De Lyonne. — Comte Léo de Laborde.— Mazet. — Michelot fils.

MÉMOIRE.

L'établissement de la gare monumentale du chemin de fer de l'Ouest, sur le boulevart du Montparnasse, la création sur ce point d'un rendez-vous vers lequel convergeront les populations et les marchandises de Paris et de plusieurs départements, impliquent, sous deux points de vue principaux, l'approvisionnement de Paris et les besoins généraux de la circulation, la nécessité d'en rendre l'accès facile et direct.

APPROVISIONNEMENT DE PARIS.

Pendant les enquêtes qui ont précédé l'adoption du projet d'établissement des halles centrales, beaucoup d'esprits, frappés du rôle désormais dévolu aux chemins de fer dans l'alimentation de Paris, se demandaient s'il ne serait pas préférable de former, à côté des principaux débarcadères, des marchés en gros, d'où les denrées venues des départements se répartiraient entre les marchés de détail disséminés dans les divers quartiers de la ville.

La détermination prise par le gouvernement en faveur des halles centrales ne laisse plus place à la discussion ; mais elle consacre la nécessité de lier les halles aux sources de leur approvisionnement par des voies diverses, larges, commodes. Cette condition n'est point encore remplie pour la gare du chemin de fer de l'Ouest ; mais il est heureusement aussi peu dispendieux que facile de la réaliser, et rappeler que la ligne du chemin de fer doit passer sur les territoires des départements de Seine-et-Oise, d'Eure-et-Loire, de l'Orne, de la Sarthe, de la Mayenne, d'Ille-et-Vilaine, c'est dire combien de productions doivent affluer par cette voie sur les marchés de Paris. Le Beauce, qui en est le plus riche grenier, expédie d'immenses quantités de farines, et si cette denrée ne se place pas à la halle centrale même, elle se vend à la halle au blé, qui lui est contiguë.

Les communications entre la halle centrale et la gare de l'Ouest doivent s'établir par le Pont-Neuf, dont le nivellement s'opère en ce moment même. L'élargissement de la ligne du Pont-Neuf à la halle est achevé ; il reste à s'occuper de la ligne du Pont-Neuf à la gare.

La communication directe entre ces deux points doit emprunter l'emplacement de la rue de Nevers, dont l'élargissement et le prolongement jusqu'à la rue de Seine ont été, sous le règne de l'empereur Napoléon, décidés par des motifs sur lesquels nous reviendrons plus loin. De la rue de Seine, la ligne atteindrait, par la rue de l'Échaudé, convenablement élargie, le carrefour de l'Abbaye, et l'avenue du marché Saint-Germain ; elle suivrait ensuite la rue du Four jusqu'au carrefour de la Croix-Rouge, prendrait la rue du Cherche-Midi et celle du Regard. Parvenue à la rue de Vaugirard et à l'entrée de la rue Notre-Dame-des-Champs, elle devrait entrer dans le massif qui sépare ce point du boulevart du Montparnasse et se diriger droit sur l'entrée de la gare. Le massif ainsi partagé est presque entièrement vide de constructions, et la nouvelle rue s'y tracerait presque comme une route en rase campagne.

A ne considérer le tracé que dans ses rapports avec l'alimentation de Paris, non-seulement il satisfait de la manière la plus économique au mouvement entre la gare de l'Ouest et la halle centrale, mais il dessert directement les relations qui doivent s'établir entre la halle centrale, d'une part, et, de l'autre, le marché Saint-Germain et le marché de la rue de Seine. Il répond donc à la fois aux besoins généraux de l'approvisionnement de la capitale et aux besoins locaux des deux plus grands marchés de la rive gauche de la Seine. Aucune autre ligne de correspondance directe entre la halle centrale et les gares de chemins de fer ne remplit au même degré une semblable condition.

CIRCULATION GÉNÉRALE.

La ligne à ouvrir du Pont-Neuf à la gare de l'Ouest, dans l'intérêt de l'approvisionnement de Paris, est, en même temps, celle qui satisfait le mieux aux besoins de la circulation générale dans cette partie de la ville, et il est permis d'en voir une preuve dans l'attention qui s'est portée sur cette ligne dans des temps où l'on ne songeait point à rattacher une halle centrale, qui n'existait pas, à une source d'approvisionnement qui n'était pas encore ouverte.

Le passage du Pont-Neuf est le foyer le plus actif de la circulation de Paris.—Depuis un siècle, on se plaint de l'insuffisance de son débouché sur la rive gauche de la Seine; l'immense mouvement qui s'opère sur cette ligne n'a presque d'autre issue que la rue Dauphine, et il y produit un encombrement perpétuel. L'excès de la circulation prive le quartier d'une grande partie du bien qu'y ferait son activité. La difficulté et le danger du parcours de la rue y réduisent le commerce aux objets les plus communs : les vendeurs et les acheteurs s'y trouvent également gênés. Aussi a-t-on, dès longtemps, réclamé pour la circulation, alimentée par le passage du Pont-Neuf, un nouveau débouché: — c'est celui de la rue de Nevers. Aujourd'hui réceptacle infect de tous les immondices du quartier, elle est appelée à dégager l'encombrement de la rue Dauphine, et à ouvrir une voie nouvelle et non moins fréquentée entre le Pont-Neuf et le cœur du faubourg Saint-Germain. C'est par suite de cette nécessité que le projet d'élargissement et de prolongation de la rue de Nevers, adopté dès les premiers jours du Consulat par un rapport de Louis-Bonaparte, alors ministre de l'intérieur, a été en 1826, sous la préfecture du comte de Chabrol, l'objet d'une instruction régulière et complète, dont il ne reste plus qu'à convertir les conclusions en décret.

La rue du Four est, du carrefour de l'Abbaye à celui de la Croix-Rouge, une des plus passantes de Paris, et l'insuffisance de la largeur générale, les étranglements partiels y font, avec l'activité de la circulation, un contraste qui se résout en une multitude d'accidents déplorables. L'élargissement en est décidé ; peut-être y aurait-il à en craindre l'insuffisance. Mais, dans tous les cas, il ne saurait être dispendieux ; l'état de vétusté et le peu de valeur de la plupart des maisons sujettes à reculement sont, à cet égard, ce qu'on peut souhaiter de plus rassurant.

Les rues du Cherche-Midi et du Regard suffiront longtemps encore, dans leur état actuel, aux besoins de la circulation.

L'ouverture de la nouvelle rue, du carrefour des rues de Vaugirard et du Regard au boulevart du Montparnasse, était une conséquence obligée de l'établissement de la gare. L'administration décidait donc, au même moment, la construction de l'une et le percement de l'autre. L'enquête sur la rue a été fermée le 28 août 1848, et elle a eu le seul résultat qu'on pût en attendre, l'adoption par le public des motifs qui avaient déterminé l'administration à faire ouvrir la *rue de Rennes* sur l'axe de la gare.

C'est ici le lieu de rappeler qu'à l'extrémité septentrionale de la rue de Rennes se rattacherait, aux termes des mêmes dispositions et de la même enquête, une autre rue de 220 mètres de longueur, liant directement la gare de l'Ouest à la rue du Bac, l'une des grandes artères de la circulation de Paris.

ÉCONOMIE FINANCIÈRE DU PROJET.

Répandre la vie et le mouvement dans de vastes quartiers, porter les constructions sur des terrains vacants, c'est multiplier la matière imposable au profit de la ville et de la cité. Sur aucun point compris dans l'enceinte de Paris, de pareils résultats ne sont peut-être réalisables à moins de frais que sur la ligne du Pont-Neuf à la gare de l'Ouest.

La dépense totale à faire pour les percements nouveaux sera, déduction faite des alliants de terrains et des offres de concours des propriétaires, d'environ 1,200,000 fr., dont les cinq sixièmes à peu près s'appliqueront à la rue de Nevers.

Sur cette première ligne, les constructions élevées atteindront, en un petit nombre d'années, une valeur peu inférieure à celle des constructions riveraines de la rue Dauphine.

Dans le voisinage de la gare, la rue de Rennes aura de longueur. . . . . 390 mèt.

Et la rue du carrefour de Vaugirard à la rue Sainte-Placide, servant de prolongement à la rue du Bac. . . 220

Sur les. . . . . 610 mèt.

des alliants d'emplacement sont offerts, et l'on peut calculer que l'ouverture des deux rues doublerait la valeur de huit hectares de terrain qui ne se vendraient pas aujourd'hui 50 fr. le mètre.

A supposer des constructions occupant, le long des rues, une épaisseur de 20 mètres, la superficie bâtie y atteindrait une étendue de 48,000 mètres carrés, ce qui, à raison de 250 fr. par mètre carré, expliquerait l'emploi d'un capital de douze millions en travaux de bâtiment.

Ajoutons que, sur l'étendue à mettre en valeur, 25,000 mètres carrés sont la propriété des hospices de Paris, qu'ainsi les pauvres de la ville seraient les premiers à profiter de cette amélioration.

La part qui reviendrait à la ville et à l'Etat en contributions de toutes sortes ne peut se calculer d'une manière précise ; mais on peut affirmer qu'elle les ferait bientôt rentrer avec usure dans leurs avances.

Baron BAUDE,
rapporteur.

Les réclamations contenues dans le remarquable mémoire qu'on vient de lire étaient trop justes pour ne pas être favorablement accueillies. La rue de Rennes est livrée à la circulation, et bientôt cette voie magistrale portera jusque sur le Pont-Neuf, au centre de Paris, la masse de voyageurs et de produits que le chemin de fer de l'Ouest transporte chaque jour.

Mais, indépendamment des améliorations qui vont être portées sur les points du xe où la circulation était gênée, des travaux d'une grande importance transformeront bientôt les immenses terrains restés libres autour des Invalides et de l'École militaire.

Dans les premiers jours de 1853, un architecte dont les travaux accusent un talent élevé, M. L. Ponthieu, soumettait à M. le préfet de la Seine un projet de jonction de la nouvelle place de l'arc de l'Étoile et du quartier des Invalides, des boulevarts et un pont situé au bout du cours la Reine devaient unir directement ces deux points importants. Le décret qui ordonne la construction du pont de l'Alma a prouvé de la justesse des vues de M. L. Ponthieu. Aussi, encouragé par ce premier succès, il s'est préoccupé des moyens d'assurer les communications entre la rive gauche tout entière et les immenses terrains des Invalides sur lesquels des constructions nombreuses s'élèveront bientôt.

Du Champ-de-Mars, il prolonge l'avenue de Tourville jusqu'à la Croix-Rouge, par une rue de vingt mètres de large; il donne à la rue de Bourgogne le débouché qui lui manque au midi. Il crée sur les terrains de l'École militaire tout un quartier nouveau, dont les communications avec la rive droite sont ménagées par un beau boulevart, dont la liaison avec la rive gauche est assurée par la nouvelle rue et les rues des Saints-Pères, du Four et du Vieux-Colombier, portées aux dimensions qui leur sont nécessaires.

L'exécution de ce projet ne peut être qu'une question de temps, et le pont de l'Alma donne à croire que ce temps ne saurait être long. Aussi, les améliorations destinées à mettre les vieux quartiers des xie et xiie arrondissements en état de ne pas entraver davantage les rapports des autres points de la cité deviennent-elles de plus en plus urgentes. Cette transformation n'est plus une question locale; elle acquiert aujourd'hui, pour Paris tout entier, l'importance et l'urgence d'une amélioration d'intérêt général.

Pendant que notre travail était sous presse, M. le préfet de la Seine a soumis à la commission municipale un projet de boulevart circulaire qui couperait à peu près dans leur milieu les trois arrondissements de la rive gauche.

Le projet de l'administration est une nouvelle preuve de la nécessité qu'il y a de se préoccuper de l'appropriation des quartiers anciens et des terrains immenses du xiie arrondissement aux besoins de la population parisienne, et son exécution contribuerait largement au succès de toutes les entreprises conçues en vue de relever la valeur de la propriété dans ces quartiers que le défaut de voies de communication a jusqu'ici rendus inhabitables.

CHAPITRE III.

Que l'on parcoure les abords de nos diverses écoles ou facultés, et l'on reconnaîtra qu'aucune pensée n'a présidé jusqu'ici à l'organisation de la voie publique dans leur voisinage, que l'intérêt scolaire a été méconnu ou laissé de côté, et qu'on s'est montré un peu prodigue des pas et du temps d'une jeunesse studieuse, qui n'a souvent aucune autre fortune cependant.

M. Dumas, membre de l'Institut, ancien ministre.
(Lettre à M. le préfet de la Seine.)

Quel commerçant, quel industriel voudra s'établir dans des rues où la difficulté des transports double le prix de la main-d'œuvre? Quel bourgeois ira habiter une maison inaccessible pour le fiacre le plus hardi?

. . . .

Encore quelques années, et cet arrondissement sera au milieu de Paris comme un de ces bois fourrés qu'entourent de toutes parts les campagnes les mieux cultivées, mais dans lesquels on ne peut pénétrer sans se blesser aux ronces et aux épines.

M. de Quatrefages, membre de l'Institut.
(Rapport sur le projet de la rue des Ecoles.)

Là cependant tout appelle, tout provoque la sollicitude du gouvernement et de l'administration municipale : il y a absence complète de communications larges et faciles; les rues, étroites et en pente, mal pavées, privées de trottoirs, présentent partout les plus graves obstacles à la sécurité de la circulation; les habitations, mal construites, mal distribuées, privées d'air, malsaines, n'offrent aucune des conditions de bien-être en rapport avec les exigences de toutes les classes de la génération actuelle. . . . .
. . . . Négligé depuis longtemps, le XIIe arrondissement a beaucoup à demander, beaucoup à espérer de la bienveillance, de la justice de l'administration.

M. Dubarle, juge d'instruction.
(Rapport sur l'état actuel du XIIe arrondissement.)

Le XIIe arrondissement compte cent quatre-vingt-dix voies publiques reconnues par l'autorité municipale. Vingt-huit seulement sont alignées. Ce dernier chiffre est affligeant, et cependant il ne dit pas toute la vérité. Ces vingt-huit voies publiques forment pour la plupart la circonférence du XIIe arrondissement. C'est une ceinture dorée à une pauvre vieille en haillons.

M. Sari, directeur de la Caisse de Poissy.
(Mémoire sur la distribution des eaux.)

CHAPITRE III.

LE XIIe ARRONDISSEMENT.

TRAVAUX PRÉPARATOIRES DE SA TRANSFORMATION.

Dans le xII^e, les hommes et les choses, tout souffre. — Commission centrale des propriétaires et habitants. — Travaux préparatoires de la transformation du xII^e. — Lettre de M. Dumas. — Rapport de M. Dubarle. — Rapports de M. de Quatrefages. — Travaux de M. Sari, rapport sur la distribution des eaux, mémoire sur l'Entrepôt, l'Entrepôt transformé en dock. — Halle aux cuirs, mémoire de M. Louis Lazarre. — Projet du boulevart Saint-Marcel. — Carnet de M. Praud. — Annales d'hygiène, le n° 25 de la rue Traversine. — Rapport de la commission des logements insalubres. — La population tout entière réclame la transformation de l'arrondissement.

Pendant que sur la rive droite les améliorations devenaient chaque jour plus importantes et plus nombreuses ; pendant que des quartiers nouveaux s'élevaient sur les espaces libres, que des quartiers anciens tombaient pour donner à la population de l'air et de l'espace ; pendant que des palais, des monuments de toutes sortes se dressaient pour ajouter encore à sa fortune ou à sa splendeur, les vieux quartiers des xI^e et xII^e arrondissements voyaient passer les siècles sans autres changements que ceux dont le temps les frappait.

C'était toujours la ville bâtie pour les besoins du moyen-âge, la ville aux rues étroites et tortueuses, la ville pour laquelle il faudrait ranimer la poussière de ceux qui sont morts il y a six cents ans pour lui trouver une population qu'elle ne gênât pas! Mais les morts qui la bâtirent ne pourraient y revivre; car, dans leur temps, la gelée des hivers n'avait pas rongé les pierres des murailles, l'humidité ne souillait pas les murs. — Dans leur temps, la ville était jeune et riante.

Aujourd'hui que l'échange et la circulation sont devenus les conditions premières de la prospérité des peuples, aujourd'hui que les populations ont besoin d'une expansion si grande, l'habitation de ces vieilles cités du moyen-âge toutes construites en vue de garantir la vie du contact extérieur, c'est plus qu'un contre-sens et un anachronisme, c'est un affreux supplice.

C'est le maillot de la première enfance paralysant les membres de l'adulte; c'est le donjon du guerrier frank, où l'on montait par une échelle, remplaçant la somptueuse villa; c'est la charrette à bœufs au lieu de la locomotive; c'est la corne et la plume du clerc faisant l'œuvre de nos imprimeries; c'est la civilisation redevenue barbare; c'est la souffrance et la misère substituées au bien-être.

Aussi, dans les vieux quartiers du xiie, les hommes et les choses, tout souffre.

La propriété souffre, parce que ses charges ne sont plus en rapport avec ses moyens de production. Les charges ont suivi les progrès des besoins sociaux; la production n'est pas même restée stationnaire. Elle s'est abaissée à mesure que les populations avaient d'autres besoins que ceux auxquels elle eût pu satisfaire.

L'industrie souffre, parce que l'industrie, obligée de rapprocher et de mettre en contact les éléments de ses produits, obligée d'écouler ceux qu'elle a créés, manque totalement de voies où la circulation soit seulement possible.

Le commerce souffre, parce qu'il faut toujours qu'il mesure ses offres aux demandes ; et les demandes se mesurant elles-mêmes sur la consommation possible, on ne demande rien là où la nullité de production ne permet pas de consommer.

La population souffre, parce que n'ayant pas à sa disposition les voies de communication qui rendent le travail fructueux en facilitant le transport des produits ou de leurs éléments, la rémunération de son travail a une moindre part dans la valeur des produits qu'elle crée, et sa consommation doit se restreindre aux proportions les plus infimes.

Elle souffre, parce que son travail lui produit peu de chose, et pourtant ses besoins sont accrus de toutes les influences pernicieuses que des ruelles humides, des maisons sans lumière et sans air exercent sur sa santé et sur ses forces.

Elle souffre de toutes les tortures qu'entraîne la misère, et dans les mauvais jours où la peste est dans l'air, elle s'abat sur elle comme sur une proie.

Mais s'il est un pays de misère, le xiie est aussi le pays de l'activité scientifique et morale, et dans le xiie, les hommes de cœur n'ont pas manqué pour protester contre l'horrible position que lui faisait la négligence de l'administration.

Le mal qui rongeait les populations pauvres menaçait de s'étendre ; déjà la fièvre typhoïde passait de la mansarde de l'ouvrier dans la chambre de l'étudiant ; mais les honorables doyens des facultés et les habitants influents du xiie s'empressèrent d'aviser au moyen d'arrêter les progrès que le mal pouvait faire.

« Pour concentrer tous les efforts sur les projets d'intérêt général, pour établir un lien entre les habitants, on eut l'heureuse idée de créer une commission centrale devant être l'écho des vœux de tous, et un intermédiaire utile entre les habitants et l'administration. Cette pensée fut accueillie avec faveur ; bientôt un grand nombre de propriétaires se réunirent, et le 21 juin 1850 ils procédèrent à l'élection de seize membres (quatre par quartier), chargés de les représenter auprès de l'autorité supérieure et de l'administration municipale.

« La commission fut alors composée de MM.

« Dubarle, juge d'instruction, membre du conseil général de Seine-et-Marne.

« De Quatrefages, proviseur d'histoire naturelle, membre de l'Institut.

« Labrouste, professeur du collége Sainte-Barbe.

« Legrand, huissier ; propriétaire.

« Albinet, manufacturier.

« Houette fils, tanneur.

« Louis Lazarre, rédacteur en chef de la *Revue municipale*.

« Milne-Edwards, membre de l'Institut, doyen de la Faculté des sciences.

« Gaillard, ancien juge au tribunal de commerce.

« Jean Salleron, tanneur.

« De Vaufreland, ancien avocat général.

« Spiral, ancien notaire.

« Angelot, ancien adjoint au maire du xiie arrondissement.

« Sari, conservateur de l'entrepôt des liquides.

« Michaud fils aîné, propriétaire.

« Gillet, entrepreneur.

« MM. Angelot et Michaud fils, n'ayant pu accepter ces fonctions, furent remplacés par MM. Riom, négociant, et Bainée, mécanicien, qui avaient obtenu le plus de voix après les seize membres élus.

« Les délégués se réunirent le 26 du même mois, et le bureau fut constitué de la manière suivante :

« MM. Dubarle, président; Milne-Edwards et Labrouste, vice-présidents; Jean Salleron, trésorier; Legrand, secrétaire.

« M. Portret, architecte déjà connu par des travaux utiles et concernant spécialement le xiie arrondissement, fut chargé par la commission de tous les travaux graphiques; on lui adjoignit M. Ménard fils, architecte (1).

« Une fois constituée, la commission se mit à l'œuvre;

---

(1) La commission se compose à présent de MM. Dubarle, juge d'instruction au tribunal de la Seine, membre du conseil général de Seine-et-Marne, président; — Milne-Edwards, membre de l'Institut, doyen de la Faculté des sciences, professeur de géologie, vice-président; — Labrouste, directeur du collège Sainte-Barbe, vice-président; — J. Salleron, tanneur, trésorier; — Legrand, secrétaire; — Albinet, manufacturier; — Bainée, fabricant de lits en fer; — Berger fils, ancien syndic de la boulangerie; — Bestia, directeur du Comptoir National; — Bontemps, avocat, ancien adjoint au maire du xiie arrondissement; — Brémare, architecte, ingénieur civil; — Demante, professeur à l'Ecole de droit; — Duez, avocat; — Dumesnil, brasseur; — Devulf-Pontonnier, docteur-médecin; — Faudet, curé de Saint-Etienne-du-Mont; — Gaillard, ancien juge au tribunal de commerce de la Seine; — Gillet, entrepreneur de bâtiments; — Houette, juge au tribunal de commerce de la Seine; — Louis Lazarre, directeur de la *Revue municipale*; — Lebel, juge au tribunal de commerce, marchand de bois; — Lesobre, avocat; — Maurel, membre du conseil de surveillance de la Caisse d'épargne; — Maricot, membre du bureau de bienfaisance du xiie arrondissement; — De Quatrefages, membre de l'Institut;

et, après avoir dit ce qu'elle était, et ce qu'elle voulait, toute idée d'exercer la moindre pression sur l'autorité municipale fut soigneusement écartée; ce qu'on désirait, ce qu'on ambitionnait, c'était la connaissance exacte des besoins, des souffrances des quartiers pauvres du xiie arrondissement, afin de les exposer franchement et d'indiquer les moyens d'y remédier ou du moins de les atténuer.

« Les budgets de la ville furent dépouillés, on travailla avec ardeur, avec amour, et la lumière se fit !

« On prouva, par des chiffres officiels, sans réplique, l'abandon dans lequel on avait laissé, depuis des siècles, ces quartiers pauvres. On reconnut que le xiie arrondissement avait beaucoup plus fourni à l'impôt qu'on ne lui avait rendu en améliorations; et comparant cette parcimonie avec le luxe d'embellissements dont on avait doté jusqu'à profusion certains quartiers de la rive droite, l'on arriva à cette triste conclusion : *Les quartiers pauvres avaient souvent payé pour les riches* (1) ! »

Se préoccuper des améliorations nécessaires à l'arrondissement, c'était donc poursuivre une œuvre de réparation et de justice; et cette réparation, la commission la réclama d'abord pour les quartiers et la population les plus misérables de l'arrondissement. Son dévoûment et sa sollicitude pour les souffrances des classes les plus pauvres lui dictèrent son premier projet; le décret qui ordonna l'ou-

---

— Sari, directeur de la caisse de Poissy, ancien conservateur de l'entrepôt des liquides; — Spiral, ancien notaire; — Riom, négociant; — Rifaut, architecte; — De Vaufreland, ancien avocat général; — Vautier, ancien chef d'institution; — Vergeot, négociant. — Agent de la commission, M. Portret, architecte.

(1) *Revue municipale*, p. 581.

verture de la rue des Écoles prouva bientôt qu'elle avait eu raison d'écrire HUMANITÉ sur son drapeau, et ce décret, qui permettait de soulager d'abord les souffrances les plus horribles, les misères les plus profondes de l'arrondissement, ce fut, tout à la fois, la récompense de pensées généreuses, et une bonne action.

Le projet de la rue des Écoles et les transformations urgentes que réclame l'état de l'arrondissement ont été, pour la commission et les habitants de l'arrondissement, l'objet de nombreuses études, toutes marquées d'un grand cachet de haute intelligence, et de profonde sympathie pour les souffrances des populations pauvres de l'arrondissement.

Dans ces travaux, tous les besoins ont été constatés, toutes les plaies ont été mises à nu et sondées, toutes les réparations que pouvait accorder l'administration ont été réclamées. Ils sont comme une enquête où tous les faits qui nécessitent la transformation de l'arrondissement sont mis en évidence; ils sont l'acte d'accusation des négligences qui ont produit tous les maux de l'arrondissement, et celui de toutes les misères et de tous les abus dont la suppression doit être prononcée.

Ces travaux doivent servir de base à toutes les études sur les transformations à opérer dans l'arrondissement, et nous devons les consigner ici, car tout contribue à en faire pour nous la justification des réformes et des transformations que nous voulons exécuter.

LETTRE DE M. DUMAS.

Dans son *Traité de chimie industrielle*, M. Dumas s'est efforcé de faire de la science un instrument docile qui pût permettre à tous de créer aisément les produits nécessaires à la satisfaction de nos besoins.

Dans son *Essai de statique chimique*, il a montré comment, dans la nature, la matière, se pliant aux besoins de la vie animale, et à ceux de la vie végétale, les relie l'une à l'autre dans une vie commune.

L'illustre professeur, dont la science a pu servir ainsi à la satisfaction des besoins matériels de la population, et s'étendre jusque dans les plus hautes régions de l'imagination et de la poésie, pouvait, mieux que personne, parler avec autorité des services que la science peut rendre à la population, et des nombreux attraits qu'elle peut lui offrir.

UNIVERSITÉ DE FRANCE.

Le doyen de la Faculté des sciences à M. le préfet de la Seine.

Monsieur le préfet,

La Faculté des sciences, dans sa sollicitude pour les intérêts de la jeunesse, a voulu que son doyen, après s'être concerté avec les chefs des établissements d'instruction publique qui sont placés dans le xie et dans le xiie arrondissement, vînt appeler votre attention et celle de MM. les membres du conseil municipal sur un intérêt scolaire dont, à chaque instant, il lui est donné d'apprécier toute la gravité.

Elle vous supplie de prendre désormais en plus grande considération, dans les plans d'alignement ou projets de voirie relatifs à ces deux arrondissements, la haute convenance, souvent même l'indispensable nécessité de mettre en communication, par des rues directes, larges et munies de trottoirs, les diverses écoles entre lesquelles les étudiants, soit par goût, soit par devoir, partagent les six ou sept heures consacrées chaque jour aux leçons publiques.

Que les élèves, loin de concentrer toute leur attention sur une seule faculté, fassent marcher de front plusieurs cours empruntés à deux ou trois d'entre elles, cela ne peut être l'objet d'aucun doute, et il faut bien se garder de porter le moindre obstacle à ces libres allures.

En effet, les élèves de l'Ecole de droit suivent en grand nombre et avec une incontestable utilité pour leur avenir les cours de physique et de chimie de la Faculté des sciences, les leçons de toxicologie et d'hygiène de la Faculté de médecine. Ils puisent dans ces divers enseignements des connaissances dont ils tirent profit plus tard pour toutes les questions de médecine légale, d'industrie manufacturière, etc., qu'ils ont à traiter devant les tribunaux. Beaucoup d'entre eux, sans y être obligés, obtiennent même de la Faculté des sciences des grades qui constatent combien ils ont pris d'intérêt aux études auxiliaires qu'ils sont venus accomplir sous ses auspices.

Les élèves en médecine astreints à subir les épreuves du baccalauréat ès-sciences, les élèves en pharmacie qui recherchent si souvent ce titre, les élèves externes des classes de philosophie de nos lycées eux-mêmes concourent à former cet ensemble d'auditeurs libres qui suivent les cours de la Faculté des sciences, et dont le nombre varie de deux à trois mille chaque année.

A leur tour, les élèves inscrits de la Faculté des sciences, et, en particulier, les élèves de l'Ecole normale qui sont tenus de suivre nos cours, ont souvent besoin de réclamer un complément d'instruction. Pour les grades relatifs aux sciences naturelles, ils les trouvent au Muséum; s'il s'agit de grades relatifs aux sciences mathématiques ou aux sciences physiques, c'est au Collége de France qu'ils vont les puiser.

Ces observations s'appliquent avec tout autant de force aux études littéraires. L'auditoire de la Faculté des lettres, emprunté aux mêmes sources que celui de la Faculté des sciences, en partage tous les intérêts. Or, pour un grand nombre des élèves de ces deux facultés, et, en particulier, pour ceux qui ont des devoirs à remplir à heure fixe, comme internes dans les hôpitaux, comme maîtres d'études dans les colléges, comme prosecteurs ou aides dans les écoles de médecine ou de pharmacie, les minutes sont comptées. Combien n'en voit-on pas, parmi les plus appliqués, les plus sérieux, quitter à regret les séances avant qu'elles soient terminées, ou bien arriver lorsqu'elles sont déjà commencées, obligés de franchir de longs trajets pour obéir aux exigences que leurs fonctions modestes leur imposent? Pour les élèves plus heureux qui, maîtres de leur temps, peuvent toujours arriver à l'heure, n'est-ce donc rien, néanmoins, que cette obligation de parcourir sans cesse des rues humides et malsaines, de se voir arrêtés à chaque instant par des embarras de voitures? Ces quelques minutes, insignifiantes et inaperçues, qu'ils perdent à l'occasion de toutes les leçons qu'ils vont entendre, ne représentent-elles pas à la fin de l'année scolaire, pour chaque élève, quelques journées, et, pour l'ensemble des élèves, des milliers d'heures de travail que nous avons le devoir de leur restituer?

Que l'on parcoure les abords de nos diverses écoles ou facultés, et l'on reconnaîtra qu'aucune pensée n'a présidé jusqu'ici à l'organisation de la voie publique dans leur voisinage; que l'intérêt scolaire a été méconnu ou laissé de côté, et qu'on s'est montré un peu prodigue des pas et du temps d'une jeunesse studieuse, qui n'a souvent aucune autre fortune cependant. En effet, le Collége de France et la Sorbonne, séparés l'un de l'autre par quelques mètres et qui devraient se donner directement la main par la place Saint-Jacques, ne peuvent le faire qu'avec de longs et inutiles détours.

L'Ecole de médecine, la Sorbonne et l'Ecole de droit, si rapprochées en réalité, n'échangent leurs élèves qu'à travers des rues étroites, tortueuses, embarrassées, qu'on dirait faites bien plutôt pour séparer que pour réunir ces trois centres d'instruction.

Améliorer les moyens de communications entre ces établissements, les relier plus étroitement, les mettre en rapport direct avec l'Ecole normale, le Muséum, l'Ecole de pharmacie, l'Hôtel-Dieu, la Pitié, Clamart, il y a là un grave intérêt scolaire.

Donner ainsi l'occasion d'ouvrir des rues larges, éclairées et aérées dans un quartier où la fièvre typhoïde frappe si souvent sur la jeunesse des Ecoles, il y a là aussi un grave intérêt hygiénique.

Puisque les hasards qui ont présidé à leur fondation séparent des établissements d'instruction supérieure qui gagneraient tant à être réunis sous le même toit, comme ils le sont, en effet, dans la plupart des pays voisins ou même dans nos villes universitaires de province, appliquons-nous, du moins, à faire disparaître les entraves qui accroissent d'une manière si fâcheuse leur distance réelle, et nous aurons peut-être, en outre, donné satisfaction à un intérêt municipal non moins sérieux.

En effet, si la ville de Paris entend conserver le sceptre des hautes études, si elle veut attirer pendant longtemps encore une jeunesse nombreuse, qu'elle lui ménage des habitations saines et bien aérées, des moyens d'étude d'un facile accès. Les universités nouvellement fondées dans d'autres pays ont choisi des quartiers coupés de rues larges et aérées, de places plantées; elles ont su s'éloigner des industries bruyantes et des voies de grande circulation. Aussi font-elles une concurrence de plus en plus redoutable aux écoles de Paris.

N'attendons pas que nos facultés soient tombées en décadence, et que les deux arrondissements si vivement intéressés à leur prospérité soient menacés de ruine, pour rechercher les causes qui éloignent les élèves. Le ministre de l'instruction publique, qui n'a négligé ni efforts ni dépenses pour assurer à nos écoles un état florissant, saura persévérer dans cette voie. C'est à l'édilité parisienne qu'il appartient de compléter son œuvre, en se montrant favorable à ces mesures hygiéniques et économiques sollicitées par la Faculté des sciences en faveur de la jeunesse.

Que le conseil municipal veuille bien mettre cette question à l'étude, et il ne tardera pas à se convaincre qu'*il ne suffit même pas d'avoir des communications larges et directes entre les divers établissements d'instruction supérieure qui sont la force et la vie du quartier Latin, mais qu'il est indispensable, en outre, de les relier au reste de Paris par des rayonnements moins embarrassés.*

Nous n'en sommes plus aux temps pour lesquels les écoles furent bâties. Aujourd'hui la population qui les fréquente n'est plus cette population exceptionnelle et circonscrite des écoliers du moyen-âge. La science attire la société tout entière, parce qu'elle verse la lumière sur toutes les questions dont l'industrie, le commerce, l'agriculture, se préoccupent, dont les gens du monde eux-mêmes veulent connaître le secret, *à mesure que le haut enseignement élargit sa base, qu'au lieu de s'adresser à un seul âge, à une seule population et à un seul quartier, il parle au profit de tous les âges et de la cité tout entière. Il reste peu de chose à faire, peut-être, pour attirer chaque jour, par un mouvement régulier et lucratif, une portion notable de la population de la rive droite vers le centre scolaire de la rive gauche.*

Outre l'intérêt universitaire, que mes devoirs m'ont fait placer le premier, outre l'intérêt de la propagation des sciences, auquel il m'est si facile de me dévouer, il y a donc au fond de ces questions un grand intérêt municipal en jeu.

C'est à vous, Monsieur le préfet, à décider si de nouvelles rues ouvertes, si des rues anciennes élargies, si l'air et la lumière pénétrant dans nos vieux quartiers, si nos écoles dégagées de leurs entourages et mises en relief, si les facultés communiquant entre elles et avec le reste de Paris par des chemins directs et libres, on ne verrait pas la partie élevée de la rive gauche reprendre cette prospérité qui semble la fuir aujourd'hui pour devenir l'apanage exclusif de la rive droite.

Pourquoi n'en serait-il pas ainsi, lorsque nous avons vu, depuis quelques années, la population qui fréquente le Muséum décupler par le seul fait de l'amélioration des quais qui l'y conduisent ?

Paris, le 12 décembre 1848.

J'ai l'honneur, etc.

Le doyen de la Faculté des sciences,   DUMAS.

Et ont signé :

Le doyen de la Faculté de droit,	C.-A. PELLAT.
Le doyen de la Faculté de médecine,	BOUILLAUD.
Le doyen de la Faculté des lettres,	VICTOR LECLERC.
Le doyen de la Faculté de théologie,	J. GLAIRE.
Le directeur du Muséum d'histoire naturelle,	A. DE JUSSIEU.
L'administrateur du Collége de France,	LETRONNE.
Le conseiller titulaire de l'Université,	P.-F. DUBOIS.
Le directeur de l'Ecole de pharmacie,	BUSSY.
Le directeur de l'Ecole anatomique des hôpitaux,	SERRES.

Le maire du XIIe arrondissement appelle l'attention et la sollicitude éclairée de M. le préfet sur cette demande des honorables professeurs de la Faculté des sciences, et des doyens des Ecoles de droit, de médecine, etc.

                                        TRÉLAT.

Le maire du XIe arrondissement se joint bien volontiers à son collègue du XIIe pour appeler toute la sollicitude de M. le préfet sur un projet qui serait si favorable aux habitants de ce quartier.

                                        BUCHÈRE.

RAPPORT DE M. DUBARLE.

M. Dubarle a analysé l'état et les besoins de l'arrondissement, avec cette sûreté et cette élévation de vues qui distinguent le corps si honorable de la magistrature.

Le rapport de M. Dubarle, c'est l'instruction complète du grand procès que les habitants du XIIe ont fait à la misère, et la misère sera bannie de l'arrondissement.

Mais le remarquable travail de l'honorable président de la commission centrale des propriétaires et habitants du XIIe arrondissement restera tout entier, car il appartient à l'histoire de la grande cité.

RAPPORT

A l'Assemblée générale des propriétaires du XIIe arrondissement

SUR L'ÉTAT ACTUEL DE L'ARRONDISSEMENT.

> Ouvrons de nouvelles rues, assainissons les quartiers populeux qui manquent d'air et de jour; que la lumière du soleil pénètre partout dans nos murs.
> LOUIS-NAPOLÉON BONAPARTE.

> Le devoir de l'administration est de faire participer tous les quartiers de la ville aux améliorations qu'elle exécute. Loin de les accumuler et les porter jusqu'au luxe dans les quartiers les plus riches, elle doit en gratifier de préférence les quartiers pauvres et malsains... faciliter la circulation du centre aux extrémités, assainir, régénérer les vieux quartiers.
> LANQUETIN,
> *Président de la Commission municipale.*

MESSIEURS,

Antérieurement à la révolution de Février, lorsque les maires et adjoints du XIIe arrondissement cessaient leurs fonctions électives, ils avaient l'usage de rendre compte de l'état de l'arrondissement dans un rapport qui était ensuite publié.

C'était là, il faut le dire hautement, une bonne et excellente coutume. Les habitants y trouvaient la preuve de la sollicitude de leurs magistrats municipaux, et, initiés aux efforts qu'ils faisaient pour les défendre, ils y puisaient le principe de quelque espérance pour l'avenir.

Nous devons faire des vœux pour que ceux de nos concitoyens que le gouvernement a choisis et préposés à l'administration de l'arrondissement, et qui s'occupent de ses intérêts avec un zèle auquel nous devons rendre hommage, veuillent bien reprendre les anneaux d'une chaîne que les événements politiques ont brisée. Mais, en attendant, la commission centrale que vous avez choisie et honorée de votre confiance a pensé que son premier devoir était de jeter un coup d'œil général sur l'état actuel de l'arrondissement, d'en sonder, pour ainsi dire, les plaies, d'examiner les besoins qui s'y font si généralement sentir, d'étudier les améliorations qu'il conviendrait d'y apporter, d'indiquer enfin les éléments de prospérité qu'il renferme et qu'il importerait de féconder.

Les rapports publiés en 1837, 1840, 1843 et 1846 par l'administration municipale de l'arrondissement ont rendu notre tâche facile.

La plupart des améliorations dont nous avons à vous entretenir ont déjà été indiquées ou sollicitées par nos magistrats municipaux avec un zèle et une persévérances dignes d'un meilleur sort, et qui ne doivent pas être oubliés, car naguère, et encore aujourd'hui, le XIIe arrondissement a trouvé, tant à la mairie qu'au sein de la commission municipale, d'habiles et constants défenseurs.

Le XIIe arrondissement est l'un des plus considérables de Paris par son étendue et sa population.

Par sa superficie, qui est de 4,140,000 mètres, il est le quatrième de Paris; par sa population, qui dépasse 100,000 âmes, il se place le cinquième (1); sur les bords de la Seine, il s'étend du pont de

---

(1) D'après le recensement de 1847, la population du XIIe arrondis-

l'Hôtel-Dieu au pont de la Gare, sur une longueur de 2 kilomètres 640 mètres.

Les nombreux établissements publics qu'il renferme, ses monuments, les souvenirs historiques qui s'y rattachent, sa population à la fois scientifique, industrielle, commerçante et laborieuse, rendent impossible l'abandon plus longtemps prolongé d'une partie aussi importante de Paris qui, à elle seule, forme plus du huitième de son étendue (1).

Les conséquences de cet abandon sont l'émigration de la population aisée, émigration qui s'accroît avec une effrayante rapidité ; et, à mesure qu'elle s'opère, la population pauvre des autres quartiers, chassée de même par les améliorations et les embellissements qui s'y accomplissent, vient se réfugier en quelque sorte dans le xiie arrondissement.

En 1847, d'après les tableaux officiels publiés par l'administra-

sement est de 100,283 habitants ; mais, aux termes de l'ordonnance du recensement, il faut déduire de ce nombre 17,463 habitants, qui composent la population flottante (casernes, établissements d'instruction publique, communautés religieuses, hôpitaux, prisons, etc., etc.). Reste donc une population fixe de 82,740 habitants.

Or, si l'on compare ce chiffre avec celui de la population des autres quartiers de Paris, à diverses époques, on verra que, depuis le recensement de 1817, c'est-à-dire depuis trente cinq ans, la population est restée stationnaire, car, en 1817, elle était déjà de 80,079 individus, tandis que celle des quartiers favorisés s'est accrue dans une proportion énorme, et qui, pour quelques-uns, atteint presque le double. Ainsi, le 1er arrondissement, qui, en 1817, comptait seulement 52,421 habitants, en possédait 111,245 en 1847. — Le iie arrondissement a vu, dans la même période, le nombre de ses habitants s'élever de 65,523 à 117,768.

Ces prodigieux accroissements sont dus principalement aux améliorations dont ces quartiers ont été l'objet. L'abandon du xiie arrondissement tient évidemment aux causes contraires.

(1) La superficie totale de Paris est de 32,910,000 mètres ; celle de l'arrondissement est de 4,140,000 mètres ; plus du huitième ! La superficie des trois arrondissements de la rive gauche réunis est de 12,430,000 mètres ; plus du tiers de Paris ! La population agglomérée de ces trois arrondissements est de 373,300 habitants ; plus du quart de la population totale de Paris, qui, d'après le recensement officiel de 1847, était de 1,053,897 individus.

tion des hospices, le chiffre des indigents inscrits et secourus par les bureaux de bienfaisance de l'arrondissement était de 6,191 ménages, composés de 14,301 individus. Ces chiffres, d'après l'administration des hospices, donnent un rapport de 1 indigent sur 6 habitants, tandis que, dans certains arrondissements, on ne compte que 1 indigent sur 40 habitants (1).

Cette agglomération de misère concentrée sur un seul point de la capitale ne constitue-t-elle pas à elle seule un grave danger?

L'administration s'en est préoccupée; des efforts ont été tentés par elle pour améliorer ce triste état de choses; des travaux d'une grande importance ont été exécutés à la circonférence de l'arrondissement; mais ces travaux, il faut le reconnaître, ont surtout un caractère d'utilité générale s'appliquant à toute la ville de Paris.

Il faut reconnaître que le centre de l'arrondissement, moins heureux que les extrémités, n'a obtenu encore aucune des améliorations depuis si longtemps réclamées par nos représentants.

Là, cependant, tout appelle, tout provoque la sollicitude du gouvernement et de l'administration municipale. Il y a absence complète de communications larges et faciles; les rues, étroites et en pente, mal pavées, privées de trottoirs, présentent partout les plus graves obstacles à la sécurité de la circulation. Les habitations, mal construites, mal distribuées, privées d'air, malsaines, n'offrent aucune des conditions de bien-être en rapport avec les

---

(1) Ces chiffres sont ceux de la population indigente officielle; mais, à côté de cette population, vient se placer la population nécessiteuse, dont le chiffre est bien autrement considérable. Il résulte de documents authentiques émanés de l'administration elle-même que, dans le XIIe arrondissement, à une époque bien voisine de nous, au 1er janvier 1849, le nombre des individus de ces deux catégories s'est élevé à 50,282 individus, et qu'on leur distribuait, par semaine, 191,222 kilog. de pain, coûtant 48,138 fr. 60 c.

Dans une période de six mois, du 1er juillet au 31 décembre 1848, les dépenses faites pour venir au secours tant des indigents que des nécessiteux du XIIe arrondissement se sont élevées à la somme énorme de 1,183,345 fr. 65 c. — Dans cette même période, il a été distribué 2,353,281 kilog. de pain, et 335,433 kil. de viande, représentant : le pain, une somme de 661,684 fr. 31 c., et la viande 300,077 fr. 60 c.

exigences de toutes les classes de la génération actuelle. Là, enfin, il y a urgence d'améliorer les voies anciennes et d'en ouvrir de nouvelles. Cette urgence est commandée par les plus graves considérations, par des considérations qui n'admettent pas de retard, la santé publique (1). Il est incontestable que la mortalité sévit habituellement avec plus de vigueur dans les quartiers pauvres, mal bâtis, mal percés, mal aérés. Dans ces quartiers et aux époques d'épidémies, cette mortalité doit atteindre et atteint des proportions effrayantes. Deux fois le XIIe arrondissement en a fait la cruelle épreuve; à deux reprises différentes, en 1832 et en 1849, il a payé un large tribut au fléau qui a ravagé Paris. En 1832, le choléra lui enlevait un habitant sur 58; en 1849, la proportion était encore plus affligeante, car il comptait 1,753 décès à domicile, 1 sur 48 habitants, tandis que, pour Paris entier, la proportion n'était que de 1 sur 91 habitants, et même, pour certains quartiers, de 1 sur 127 (2).

Il est impossible que de tels enseignements ne portent pas leurs fruits.

(1) Cette importante question de la santé publique ne peut être en quelque sorte qu'indiquée dans ce rapide travail sur l'ensemble du XIIe arrondissement; mais elle mérite d'être traitée avec tout le soin et les développements qu'elle comporte, et la commission centrale se propose d'en faire l'objet d'un rapport spécial, où elle examinera la mortalité comparative du XIIe arrondissement avec les autres quartiers de Paris, en temps ordinaire et aux époques d'épidémies, et l'influence que sa situation particulière exerce sur les résultats. Les éléments de ce travail sont déjà en grande partie réunis.

(2) Ces chiffres, quelque affligeants qu'ils soient, ne forment encore qu'une partie de ce funèbre tableau : aux 1,753 décès à domicile, il faut ajouter 860 habitants de l'arrondissement décédés dans les divers hôpitaux civils de Paris dans la période du choléra, ce qui donne un total de 2,613 morts, et abaisse la proportion de 1 sur 32 habitants.

(*Rapport sur les épidémies cholériques de* 1832 *et* 1849, par M. Blondel, inspecteur de l'administration générale de l'assistance publique, p. 153, tabl. 3 et 4; Paris, 1850. Dupont.)

(*Rapport sur la marche et les effets du choléra-morbus dans Paris et le département de la Seine*, 1 vol. in-4°, publié en 1834, par M. le préfet de la Seine.)

Comme complément des mesures sanitaires à prendre, il importe aussi d'assurer à l'arrondissement l'usage abondant et permanent des eaux dont il a été si longtemps privé.

Cette question, d'un haut intérêt au point de vue de l'industrie, de l'hygiène et de la salubrité, est une de celles qui excitent le plus vivement la sollicitude de votre commission centrale; il y a peu de temps encore, elle paraissait résolue en notre faveur; mais les intermittences d'abord, ensuite l'interruption des eaux fournies par le puits artésien de Grenelle, ont fait évanouir l'espoir que nous avions conçu, et nous laissent avec des ressources complétement insuffisantes pour nos besoins. Une autre question non moins importante pour les intérêts généraux du XIIe arrondissement est celle de l'établissement d'une halle et d'un entrepôt pour les cuirs de toute espèce dans le quartier qui est le centre de cette industrie.

Transportée, il y a environ un siècle et demi, des bords de la Seine sur les rives de la Bièvre, la fabrication des cuirs s'y est développée d'une manière exclusive. Aujourd'hui, il importe d'établir et de fixer dans les vastes terrains que présente la vallée de la Bièvre un commerce qui, à l'étroit dans le centre de Paris, y est une cause d'encombrement et d'insalubrité. L'administration s'occupe en ce moment de cette grave question; des témoignages de sympathie nous sont donnés par elle; divers projets sont étudiés, et tout fait espérer une solution prompte et favorable.

Après ces considérations générales sur l'arrondissement, permettez-moi, messieurs, d'exposer sommairement les besoins principaux de ses divers quartiers, ainsi que les vœux que nous avons recueillis, et ceux qui nous ont été suggérés par l'étude que nous avons faite de notre situation.

QUARTIER DU JARDIN-DES-PLANTES.

Le sol de ce quartier, qui renferme la montagne Sainte-Geneviève et ses pentes jusqu'à la Seine et le Jardin-des-Plantes, offre presque partout une grande déclivité. Le peu de largeur des rues aggrave ces inconvénients, et la circulation dans la plupart d'entre elles est dangereuse et impraticable.

L'administration du xiie arrondissement a constamment signalé ce fâcheux état de choses pour l'amélioration duquel elle demandait le percement de nouvelles rues.

Une seule a été ouverte, celle du Cardinal Lemoine, dans l'axe du pont de la Tournelle; mais cette voie qui devait aboutir à la rue Saint-Victor, si étroite et si fréquentée, et y jeter un peu d'air et de salubrité, s'arrête à une rue transversale parallèle au quai de la Tournelle, et son inexécution annihile tous les avantages qu'on attendait de son percement. — Déjà cependant des constructions importantes se sont élevées sur le tronçon qui a été ouvert, et font éprouver plus vivement le besoin de voir ce projet recevoir prochainement une complète exécution.

L'état déplorable de la rue Copeau à son débouché dans la rue Mouffetard excite depuis de longues années des plaintes légitimes et fondées, et a été l'objet de la sollicitude persévérante de vos magistrats municipaux.

Chacun des rapports de 1837, 1840, 1843 et 1846 atteste les efforts qui ont été faits à cet égard.

La question était sur le point de recevoir une solution favorable: l'administration, qui avait élargi le carrefour de la rue de Buffon et celui des rues Censier, Lourcine et Pascal, s'était engagée à donner satisfaction aux intérêts des rues Mouffetard et Copeau, et à améliorer un passage si étroit et si dangereux pour la circulation, lorsque les événements de 1848 sont venus encore retarder l'exécution de ce projet.

Depuis, les plans d'alignement de la ville ont été de la part des propriétaires intéressés l'objet d'un examen sérieux et approfondi.

Cet examen a démontré que ces plans ne répondaient plus à tous les besoins et qu'ils étaient insuffisants pour l'amélioration de cette partie de la voie publique où la circulation est si active, si importante, et qui est la seule communication entre la Seine et le Jardin-des-Plantes d'une part, le plateau du Panthéon, la mairie et le Luxembourg de l'autre, et un nouveau projet a été soumis à l'administration.

Ce projet, conçu dans les proportions les plus larges, fait communiquer directement la rue de Copeau avec l'Estrapade par la rue de la Contrescarpe alignée; il fait, en outre, déboucher la rue des

Fossés-Saint-Victor directement dans la rue Mouffetard, et il crée au point de rencontre des quatre rues une place dont il suffit de dire, pour en faire apprécier l'importance, qu'elle est située presque à égale distance de la mairie, de l'Ecole-polytechnique, du Jardin-des-Plantes et de la caserne de la rue Mouffetard. Développé et complété d'après les observations de M. le préfet lui-même, ce projet a été accueilli avec bienveillance par ce magistrat, et il offre l'avantage de niveler et d'adoucir considérablement les pentes des rues de Copeau et de la Contrescarpe.

Le prolongement de la rue de Clovis jusqu'au Jardin-des-Plantes est aussi réclamé par les habitants de ce quartier, comme amélioration du plus haut intérêt.

Un projet a été présenté en 1849 à M. le préfet; la nouvelle rue aurait une longueur d'environ 450 mètres sur une largeur de 15. La pente varierait de 390 à 280 millimètres par mètre, avantage immense pour les communications du sommet de la montagne Sainte-Geneviève avec le Jardin-des-Plantes, la vallée de la Seine et le faubourg Saint-Antoine.

Complément nécessaire des abords du Panthéon, cette rue mettrait la place du Panthéon en rapport avec le nouveau quartier Saint-Victor et viendrait aboutir en face de la grille du Jardin-des-Plantes, dite grille Cuvier. Elle contribuerait à appeler dans cette partie de l'arrondissement une population aisée, commerçante, qui y serait attirée par le voisinage de l'Entrepôt des vins, surtout si la grille de cet établissement pratiquée du côté de la rue Saint-Victor se trouvait placée dans des conditions d'ouverture et de fermeture semblables à celles de la grille ouverte sur le quai Saint-Bernard.

La rue Saint-Victor, depuis la place Maubert jusqu'à la rue des Boulangers, est dans un état de viabilité peu satisfaisant. Très étroite dans presque toute sa longueur, ce défaut de largeur devient presque un danger incessant aux abords de l'église Saint-Nicolas-du-Chardonnet, et dans la partie qui longe l'Entrepôt des vins, où deux voitures peuvent à peine passer de front. — Le pavage de cette rue est en entier dans le plus mauvais état, et elle ne satisfait à aucune des conditions qu'exigent son importance et l'activité de sa circulation.

L'église Saint-Nicolas-du-Chardonnet, dont nous venons de prononcer le nom, mérite aussi à tous égards de fixer l'attention de l'autorité. Commencée en 1661, sur les dessins du premier peintre de Louis XIV, Lebrun, dont elle renferme le tombeau, et qui, à l'exemple des illustres artistes italiens, savait être à la fois un grand peintre et un architecte plein de goût, cette charmante église, par ses heureuses dispositions, par son élégante ornementation, est une de celles dont l'achèvement, réclamé et attendu depuis un siècle et demi, ferait honneur à l'administration (1) en même temps qu'elle dégagerait et embellirait la rue la plus importante du quartier du Jardin-des-Plantes.

QUARTIER SAINT-JACQUES.

Ce quartier, le plus vieux, le plus anciennement peuplé de la rive gauche, présente partout le plus triste aspect.

Ses rues, étroites, tortueuses, mal aérées, sont pour la plupart

---

(1) A diverses époques, l'achèvement de cette église a été réclamé avec instance, et nous devons à l'obligeance de M. Henqueville, curé de la paroisse Saint-Nicolas-du-Chardonnet, la communication d'une lettre adressée en 1763 au roi Louis XV par le curé, le clergé et les marguilliers, pour solliciter l'achèvement du portail.

Ce curieux et déjà bien ancien document est ainsi conçu :

AU ROI.

SIRE,

« Le curé, le clergé et les marguilliers de la paroisse de Saint-Nicolas-du-Chardonnet de votre bonne ville de Paris représentent humblement à Votre Majesté que l'édifice de leur église, commencé en 1661, sur les dessins de M. Lebrun, premier peintre de Louis XIV, repris en 1707, et presque achevé en 1716, souffre extrêmement par le défaut de portail. Une forte charpente travaille sur les piliers, qui s'écartent du côté où ils ne trouvent pas de résistance. Il y a quelques années que MM. Gabriel et Boisfranc en firent d'office la visite, et ordonnèrent, vu le péril pressant, que, sur-le-champ, on mettrait à tous les piliers des clefs de fer pour les retenir dans leur assiette, ce qui fut exécuté; mais ces soutiens ne font impraticables. La plus grande partie des habitations y sont malsaines et provoquent, par leur délabrement et leur incommodité, la population à les abandonner. Là, se trouvent principalement ces îlots insalubres que signalait énergiquement, dès 1839, M. de Chabrol-Chaméane, dans un rapport remarquable qui est resté le point de départ de toutes les améliorations réclamées par les arrondissements de la rive gauche (1); îlots semblables à ceux que l'administration est parvenue à faire disparaître dans les quartiers de la Cité et de l'Hôtel-de-Ville.

C'est pour régénérer ce quartier et la plus mauvaise partie de celui du Jardin-des-Plantes que le projet de la rue des Écoles a été conçu dans de vastes proportions.

Cette rue établirait une communication importante, facile et

qu'un effet passager, et les réparations qu'on est forcé de faire montent à des sommes considérables. Dans ces circonstances, les suppliants ont recours aux bontés de Votre Majesté, qui, seule, peut leur procurer les secours suffisants, par le moyen de quelqu'une des loteries ou tel autre fonds qu'il lui plaira d'indiquer, pour conserver une église absolument nécessaire, très belle, d'une parfaite architecture, et dont la clôture fera un embellissement de Paris, rue Saint-Victor, sur le grand chemin de Fontainebleau. Ils ne cesseront de présenter au ciel des vœux pour la conservation de votre personne sacrée.

« Signé : HILAIRE, *curé*; — Le maréchal DE TONNERRE, *marguillier d'honneur de la paroisse*; — HOMMELS, *supérieur du séminaire dudit Saint-Nicolas.* »

En tête, de la main du roi : *A M. de Sartines*; plus bas, de la main de M. de Sartines : Le roi m'a remis ce placet le 4 mai 1753. »

Depuis cette époque, quatre-vingt-dix ans se sont écoulés, et rien n'a été fait.

Plus tard, sous l'administration de M. le comte de Rambuteau, et sur les instances de M. le curé et des habitants du quartier, des plans et devis ont été dressés par M. Godde, architecte de la ville, pour la continuation du portail; le conseil de fabrique a offert de céder une maison située rue Saint-Victor, qui lui appartient, et cependant rien encore n'a été fait!

(1) *Mémoire sur le déplacement de la population dans Paris et sur les moyens d'y remédier*, présenté par les trois arrondissements de la rive gauche de la Seine, à la commission établie par le ministre de l'intérieur, par M. de Chabrol-Chaméane, rapporteur. Paris, 1840.

salutaire entre tous les arrondissements de la rive gauche. Ouverte rue de Laharpe, en face des rues de l'École-de-Médecine et Racine dont elle serait le prolongement, elle donnerait une façade au chef-lieu de la Faculté des sciences, l'antique Sorbonne ; — elle traverserait la place Cambrai et l'enclos de Saint-Jean-de-Latran ; — dégagerait le plus célèbre de nos établissements scientifiques, le Collége de France ; — longerait l'École polytechnique ; — ferait pénétrer l'air et la vie dans les quartiers infects sur tout le versant nord de la montagne Sainte-Geneviève, et aboutirait à l'extrémité de la rue Saint-Victor sur la place de l'Entrepôt des vins.

Comme la rue de Rambuteau, avec laquelle on l'a justement comparée, la rue des Écoles serait pour la rive gauche une grande artère centrale dont les bienfaits seraient immenses.

L'importance de ce projet ne doit pas être envisagée seulement au point de vue de la salubrité et de la circulation; son exécution n'est pas moins intéressante au point de vue de l'ordre, et ces considérations font espérer que le concours de l'État, dont les sympathies lui sont déjà acquises, ne lui fera pas défaut.

Pour améliorer entièrement le quartier Saint-Jacques, il serait également utile d'établir du nord au sud, du Panthéon à la Seine, une voie de communication également facile et praticable. L'exécution de cette rue n'entraînerait pas des dépenses considérables, il suffirait d'élargir la rue des Sept-Voies jusqu'à la rue de l'École-Polytechnique, et ensuite de continuer l'élargissement de la rue des Carmes jusqu'au marché de la place Maubert.

Les pentes rapides de la rue Saint-Jacques, cette longue et importante artère qui traverse tout Paris, et qui sert de limites à l'arrondissement, à l'ouest, la rendent peu praticable. Un projet d'élargissement, depuis la place Cambrai jusqu'à la Seine, avait été étudié par l'administration. On vivifiait ainsi deux arrondissements à la fois; mais ce projet a été abandonné à notre grand préjudice, et l'on a préféré élargir la rue de Laharpe pour l'amélioration de laquelle la ville dépense en ce moment des sommes considérables.

Cependant, il y a quelques années, la rue Saint-Jacques a pu concevoir l'espérance de voir s'exécuter d'importants travaux ; il était question de reconstruire, sur de nouveaux alignements, toute la façade du lycée Louis-le-Grand. La rue Saint-Jacques devenait ainsi large et praticable dans toute la partie qui s'étend du Collége de France au Panthéon. Les événements politiques ont fait ajourner ce projet; mais le retour à des temps plus calmes et plus prospères permettra sans doute de les reprendre et de réaliser une idée qui serait tout à la fois une amélioration notable pour le quartier et une restauration digne du célèbre établissement d'instruction publique auquel elle s'appliquerait.

Les travaux d'embellissement et d'élargissement de la place du Panthéon, limite extrême du quartier Saint-Jacques, peuvent être considérés comme terminés. — La nouvelle et monumentale mairie du xii° arrondissement a reçu aujourd'hui sa destination ; — la belle bibliothèque Sainte-Geneviève est ouverte à ses nombreux lecteurs, et, dans peu de jours, les anciens et ignobles bâtiments du collége de Montaigu auront disparu.

La place du Panthéon, si vaste, si monumentale, à laquelle on accède si facilement maintenant par la rue Soufflot, est l'une des plus belles de Paris. Mais cette place a besoin d'être complétée, d'une part, dans la direction du Luxembourg, par l'ouverture d'une grille dans l'axe de la rue Soufflot ; de l'autre, par une communication directe et facile avec le Jardin-des-Plantes, par le percement de la rue Clovis projetée.

Cette place et ses alentours se trouvent donc dans une situation satisfaisante et, en attendant les améliorations complémentaires que nous venons de signaler, il est quelques mesures de simple police, faciles à prendre, qui déjà seraient un bienfait pour le quartier, et qu'on pourrait dès à présent obtenir : ce serait l'établissement d'une station de voitures publiques, et la création d'un marché aux fleurs bi-hebdomadaire, à l'instar de ceux qui existent déjà sur les places de Saint-Sulpice et de la Madeleine, et sur le boulevart Saint-Martin, au Château-d'Eau.

QUARTIER DE L'OBSERVATOIRE.

Par sa proximité avec le Luxembourg, le quartier de l'Observatoire possède des éléments de prospérité qui lui sont propres et qui pourraient facilement être développés.

Une des principales améliorations serait le prolongement de la rue d'Ulm jusqu'à la rue des Bourguignons et à la place du Champ-des-Capucins.

Le refus de M. le ministre de la guerre de céder une partie des jardins de l'hôpital militaire du Val-de-Grâce a fait échouer ce projet, et c'est là une nouvelle preuve de cette vérité, déjà proclamée en 1839, dans le rapport de M. de Chabrol-Chaméane, que les nombreux établissements publics (colléges, hôpitaux, couvents, prisons) que possède le xiie arrondissement, sont de sérieux obstacles au développement de sa prospérité, et l'une des causes de sa dépopulation, « d'abord parce que, occupant des terrains immenses, « ils interceptent les communications d'un quartier à l'autre; ensuite « parce que leurs clôtures ne laissent aux rues qui les bordent « qu'un côté pour bâtir et des aspects tristes et nus; et enfin, parce « que leur population, quelque considérable qu'elle soit, peut être « considérée comme factice, puisqu'elle n'achète rien dans le « quartier, et que tous ses approvisionnements sont faits par voie « de soumission, et par des fournisseurs étrangers à l'arrondisse- « ment (1). »

Toutefois, si les obstacles que nous venons d'indiquer s'opposent au prolongement de la rue d'Ulm jusqu'à la place du Champ-des-Capucins, néanmoins les limites actuelles de cette rue devraient être reculées jusqu'à l'impasse des Feuillantines, qui doit donner accès au nouveau quartier Rollin.

Dans la session de 1849, le conseil municipal a voté un crédit de 250,000 francs pour faciliter l'établissement de ce quartier, où doivent être percées des rues mettant en communication entre elles les rues des Postes, Neuve-Sainte-Geneviève, de l'Arbalète, et l'impasse des Feuillantines.

Un projet de création dans ce même quartier Rollin d'une halle et d'un entrepôt pour les cuirs, qui en occuperaient le centre, est en ce moment présenté aux préfectures de la Seine et de police, et a déjà subi les formalités de plusieurs enquêtes administratives.

---

(1) *Mémoire sur le déplacement de la population dans Paris*, par M. de Chabrol-Chaméane, p. 7.

Enfin, on étudie actuellement un projet d'ouverture d'une grande rue partant du boulevart du Montparnasse, traversant le Champ-des-Capucins, les jardins de la rue de la Santé, les rues de Lourcine, Pascal, Saint-Hippolyte, Mouffetard, et s'étendant sur tout le quartier Saint-Marcel jusqu'au boulevart de l'Hôpital, sur lequel elle déboucherait parallèlement au Marché-aux-Chevaux. Cette voie de communication, réclamée depuis vingt ans, vivifierait l'extrémité de ce vaste quartier, où sont encore des espaces considérables en culture ; et non moins utile au quartier de l'Observatoire qu'au quartier Saint-Marcel, elle relierait ensemble les deux chemins de fer de la rive gauche, celui d'Orléans et celui de l'Ouest, et unirait par une communication facile les deux rives de la Seine, en amont et en aval de Paris, c'est-à-dire les quartiers de la Gare et des Invalides.

QUARTIER SAINT-MARCEL.

Le quartier Saint-Marcel est formé du revers sud de la montagne Sainte-Geneviève et de la vallée de la Bièvre ; c'est le centre des fabriques de cuirs et de peaux, et des industries qui s'y rattachent : l'avenir de ce quartier est attaché à l'établissement de la halle aux cuirs.

Dans l'intérêt de cet établissement, et indépendamment de tous les motifs de raison, d'équité et de justice qu'on peut invoquer en faveur de cette partie du XIIe arrondissement, que peut-on dire de mieux, et ayant un caractère plus saisissant d'actualité, que ce que disait M. de Chabrol-Chaméane dans le rapport précité, dont le temps et l'expérience n'ont fait que fortifier les principes ?

« Il importe, disait-il, de fixer la halle aux cuirs dans le XIIe ar-
« rondissement, où de vastes terrains présentent les conditions
« les plus avantageuses, un isolement convenable, des abords fa-
« ciles. Les plans ne se trouveraient pas en quelque sorte empri-
« sonnés, comme il arrive trop souvent, dans un espace déterminé
« d'avance ; mais ici, quels que soient les plans, leur étendue et
« leur forme, on pourrait les exécuter à bon marché, sans aucun
« obstacle et sur des terrains qui se prêteraient à toutes les com-
« binaisons.

« Nous avons donc l'espoir, ajoutait-il (en 1839!), que ces con-
« sidérations porteront leur fruit, et que l'administration saisira
« avec empressement l'occasion qui lui serait offerte de vivifier
« ce quartier peuplé de toutes les industries qui alimentent des
« établissements de cette nature (1). »

Nous ajouterons à notre tour que la création de cette halle, loin d'être onéreuse à la ville de Paris, deviendrait pour elle la source d'un revenu nouveau et qui aurait une certaine importance, d'abord par les droits qu'elle serait appelée à prélever, et ensuite par la vente des maisons de la rue Mauconseil où existe la halle actuelle, maisons qui sont des propriétés communales et dont la valeur est considérable.

Deux rues principales traversent le quartier Saint-Marcel : ce sont les rues Pascal et Mouffetard.

Ouverte il y a vingt ans, la première a une largeur suffisante (13 mètres) et appropriée aux besoins de la circulation ; mais, en raison même de son avenir et de son importance future, il est nécessaire de la compléter en la prolongeant jusqu'au boulevart extérieur de la Glacière, afin de la mettre en communication directe et facile avec tous les boulevarts du midi.

Quant à la rue Mouffetard, elle laisse beaucoup à désirer : artère principale du XIIe arrondissement, elle le traverse dans une longueur de plus de 1,800 mètres, de la barrière de Fontainebleau à l'Ecole polytechnique, car la rue Descartes n'en est que la prolongation. L'insuffisance de sa largeur dans beaucoup d'endroits, la raideur de quelques-unes de ses pentes, appellent d'urgentes améliorations que justifient suffisamment la nombreuse population qui l'habite, l'activité de sa circulation et l'importance de son commerce local.

Les autres rues du quartier Saint-Marcel sont en général peu praticables; le commerce et une partie des industries qui s'y exercent tendent à les abandonner, et il est urgent de remédier à un état de choses aussi préjudiciable à la propriété foncière qu'à la nombreuse population ouvrière de cette partie de l'arrondissement.

(1) *Mémoire* de M. de Chabrol-Chaméane, p. 31.

Le projet que nous avons indiqué plus haut, consistant à établir une nouvelle voie de communication entre le boulevart du Montparnasse et le boulevart de l'Hôpital, aurait, à cet égard, les plus heureux résultats, et nous ne pouvons qu'insister sur les avantages qui en découleraient pour ces quartiers excentriques ; car cette voie serait le trait d'union entre les divers chemins de fer de la rive gauche et les rives de la Seine au-dessus et au-dessous de Paris.

Pour l'ouverture de cette grande rue, il suffirait d'élargir et de niveler quelques rues de peu d'étendue ou de peu d'importance, telles que les rues Saint-Hippolyte, des Francs-Bourgeois-Saint-Marcel, du Cendrier ; le reste serait pris sur des jardins. Sollicitée en vain depuis longtemps, l'exécution de ce projet devient aujourd'hui d'autant plus nécessaire que le chemin de fer de l'Ouest arrive jusqu'au boulevart du Montparnasse, et que l'établissement de la halle aux cuirs amènera sur ces divers points de l'arrondissement une circulation commerciale beaucoup plus active. Nous espérons donc que le concours des parties intéressées qui l'ont accueilli favorablement en facilitera l'exécution.

L'état dangereux de la rue Mouffetard, surtout aux abords de l'église de Saint-Médard, et à l'entrée de la rue d'Orléans, est l'objet d'une demande spéciale d'amélioration, qui a pour but de dégager la façade de l'église, en en permettant l'accès aux voitures, et de faire cesser les causes d'encombrement et de danger qui existent aujourd'hui pour les nombreux enfants et les personnes que leurs devoirs religieux amènent à cet édifice.

Ce projet, vivement appuyé par votre commission centrale, est en ce moment soumis à M. le préfet de la Seine, et il est un de ceux qui doivent le plus sérieusement fixer son attention.

On ne peut se dissimuler, Messieurs, l'influence que le nom de certaines rues peut avoir sur le sort des propriétés qui les bordent. Les uns, par leur synonymie avec d'autres noms, peuvent être des causes d'erreur ; d'autres, par leur bizarrerie ou l'opinion qu'on s'en forme, peuvent éloigner certaines classes de la population. La commission municipale de Paris a reconnu elle-même cette vérité, et, depuis quelque temps, beaucoup de noms de rues ont été supprimés et remplacés par d'autres noms plus rationnels et mieux appropriés aux voies qu'elles indiquent.

Ces motifs ont fait désirer à un assez grand nombre de propriétaires de la rue Mouffetard de voir changer le nom de cette rue, qu'on suppose, peut-être avec raison, n'être pas sans influence sur l'éloignement de certaines personnes; car, pour la population parisienne, il est en quelque sorte, et bien à tort, le type ou l'image du quartier le plus pauvre et le plus mal habité de la capitale. Aucune origine certaine, aucun souvenir historique ne motive ni ne protége le nom de cette rue, qu'on pourrait changer sans nul inconvénient, et auquel on pourrait avec avantage substituer celui de *rue de Fontainebleau*, ou, mieux encore, rue d'*Italie*, puisqu'elle aboutit à l'importante barrière connue sous ces deux noms.

Tel est, Messieurs, le résumé rapide de l'état actuel de l'arrondissement, de ses besoins, des principales améliorations qui seraient désirables. Nous n'avons pas la prétention d'avoir tout dit, tout signalé; nous avons voulu seulement esquisser les principaux traits.

Pour répondre dignement à votre confiance, la commission centrale avait à s'occuper de nombreux et importants travaux. Elle n'a pas failli à cette tâche, et, pour la mieux remplir, elle l'a divisée. Plusieurs sous-commissions ont été nommées avec la mission spéciale de faire des rapports sur les principales questions qui vous intéressent, de les étudier sous toutes leurs faces, et d'en faire ressortir les avantages ou les inconvénients. Il suffira d'indiquer l'objet de ces diverses sous-commissions pour vous mettre à même d'apprécier l'importance de leur mission :

Sous-commission de la rue des Ecoles;

Sous-commission de la Halle aux cuirs;

Sous-commission des rues Copeau et Mouffetard;

Sous-commission de la rue Clovis;

Sous-commission des dégagements des abords de Saint-Médard.

Ces cinq sous-commissions ont terminé leurs travaux, et leurs rapports, discutés et délibérés dans le sein de la commission centrale, résument, d'une manière aussi complète qu'il nous a été possible de le faire, tous les motifs qui militent en faveur de chacun de ces projets. Il va vous en être donné lecture, et nous vous demanderons de vouloir bien les approuver.

Deux autres sous-commissions, dont l'importance ne vous échappera pas, ont également été nommées par la commission centrale, l'une pour s'occuper de l'application à nos quartiers de la loi du 13 avril 1850 sur les logements insalubres, et signaler à la commission générale instituée par l'administration les foyers principaux d'insalubrité sur lesquels son attention doit d'abord se porter. L'exécution de cette loi du 13 avril doit, dans un avenir peu éloigné, contribuer puissamment, sinon à faire disparaître complétement, au moins à faire modifier profondément les causes d'abandon et de dépopulation du XIIe arrondissement.

L'autre sous-commission a pour objet de préparer, au point de vue des intérêts de l'arrondissement, un travail sur l'impôt des portes et fenêtres, cet impôt si lourd, si inéquitablement réparti, et qui fait passer sous son invariable niveau, et aux mêmes conditions, l'échoppe et le palais.

Déjà, et depuis longtemps, de nombreuses plaintes se sont élevées contre le mode d'assiette de cet impôt, si injuste dans son égalité; aujourd'hui encore, il est l'objet de sérieuses études de la part de nos économistes les plus éminents, et en ce moment même l'Angleterre entre dans la voie d'une réforme complète à cet égard. Cet exemple ne peut manquer d'être suivi, et il importe que nous, nous si cruellement frappés cette année même par cet impôt qui s'élève à plus de la moitié de l'impôt foncier (1), nous fassions entendre de nouvelles et énergiques doléances.

(1) En 1837, M. de Chabrol-Chaméane s'exprimait ainsi dans son mémoire : « Des calculs, qui ne sont pas exagérés, établissent que, dans ces quartiers (la rive gauche, et, à plus forte raison, le XIIe arrondissement), l'impôt des portes et fenêtres, comparé aux revenus, est SIX FOIS plus fort que dans les quartiers riches, tandis que les frais de construction, d'entretien, le prix des matériaux et de la main-d'œuvre, sont exactement les mêmes. »
En 1840, le président actuel de la commission municipale, l'honorable M. Lanquetin, déjà alors membre du conseil général du département de la Seine, dans son important travail sur Paris, intitulé : *Vues administratives*

La commission centrale se propose encore de faire étudier d'une façon sérieuse et approfondie plusieurs questions d'une grande importance : — celle des eaux dont nous avons déjà eu l'honneur de vous entretenir; — celle du déplacement des halles centrales, question aujourd'hui à l'ordre du jour, et dont la solution peut exercer une grande influence sur l'avenir de la rive gauche tout entière, si, comme il faut l'espérer, on adopte le projet qui consiste à faire arriver jusqu'aux quais de la Seine ce grand marché, que Napoléon appelait avec raison le palais du peuple, et qui, par son emplacement, justifierait alors son nom de halles centrales. A cet égard, nous devons dès à présent vous dire, Messieurs, que votre commission centrale n'avait pas attendu votre réunion d'aujourd'hui, et que déjà des demandes ont été faites par elle dans le but d'amener une solution favorable à vos intérêts. — Enfin, l'achèvement de l'église Saint-Nicolas-du-Chardonnet et la mise à l'alignement du grand séminaire de Saint-Nicolas, qui y est contigu, sont une des choses les plus utiles, une satisfaction due à la rue Saint-Victor, et dont l'exécution doit être poursuivie avec persévérance, car il en résulterait d'immenses avantages pour le quartier.

Négligé depuis longtemps, le xiie arrondissement a beaucoup à demander, beaucoup à espérer de la bienveillance, de la justice de l'administration. Il ne s'agit pas de l'effrayer par le tableau de nos misères, par des demandes inopportunes, exagérées et inexécutables, en présence des charges qui pèsent sur la ville. Non : il s'agit seulement d'appeler sur nous son attention et sa justice, de nous faire entrer enfin dans une voie d'améliorations dont nous avons été si longtemps tenus à l'écart. Nous supportons notre part des charges, charges pour nous relativement bien plus

---

d'ensemble en considération des besoins de l'avenir, établissait que l'impôt des portes et fenêtres pour le xiie arrondissement était de 139,609 fr. 72 c., donnant un rapport de 7 fr. 64 c. pour 100 de revenu net, tandis que, dans certains arrondissements, le iie, par exemple, ce même impôt n'était que de 2 fr. 49 c. pour 100 de revenu.

En 1851, le total de l'impôt des portes et fenêtres, pour le xiie arrondissement, est de 246,645 fr. 11 c., *plus des deux tiers* de l'impôt foncier, qui est de 418,696 fr. 20 c.

lourdes que pour toutes les autres parties de la grande cité : n'avons-nous pas le droit de recueillir enfin quelques avantages? Peu aujourd'hui, peu demain, c'est ce que nous demandons; mais nous demandons au moins quelque chose. Il est impossible que notre voix ne soit pas entendue. Aide-toi, le ciel t'aidera! Ne perdons pas de vue ce sage axiôme, et nous en recueillerons les fruits; unissons-nous pour demander des choses justes, pour les demander respectueusement, mais avec la conscience de notre droit, mais avec persévérance, et elles nous seront accordées.

Espérons donc, Messieurs! L'accueil bienveillant que votre commission centrale a reçu de nos magistrats municipaux, de M. le maire en particulier, la sollicitude avec laquelle il étudie tout ce qui se rattache à nos intérêts, la connaissance chaque jour plus approfondie qu'il a de nos besoins, nous sont un sûr garant que nous pouvons compter sur son concours et son appui pour tout ce qui sera bon et utile à l'arrondissement.

Espérons! car la commission municipale doit avoir à cœur de mettre un terme à nos longues souffrances. Sa conduite à notre égard est tracée dans quelques lignes remarquables, émanées de l'honorable citoyen qui la préside aujourd'hui, et que nous vous demandons la permission de mettre sous vos yeux :

« Le devoir de l'administration municipale, disait M. Lanquetin
« en 1840, est de protéger avec impartialité les intérêts de tous les
« citoyens; elle doit étudier sans cesse quels sont les éléments de
« prospérité propres à chaque quartier; elle doit en favoriser le
« développement par de sages mesures administratives; elle doit
« avoir à cœur de faire participer *tous les quartiers* de la ville aux
« améliorations qu'elle exécute, en les répartissant entre eux d'une
« manière équitable. Loin de les accumuler et de les porter jus-
« qu'au luxe dans les quartiers les plus riches, elle doit en grati-
« fier de préférence *les quartiers pauvres et malsains;* elle doit
« principalement porter sa sollicitude sur ceux *éloignés du centre*
« *d'activité*, et rechercher les moyens de faire arriver jusqu'à eux
« la vie qui découle du centre, en établissant de là aux extrémités
« des *communications libres et faciles* (1). »

[1] *Vues administratives d'ensemble en considération des besoins de l'avenir*, par M. Lanquetin, p. 15.

Espérons! car, en diverses circonstances, M. le préfet de la Seine a manifesté pour nous de vives sympathies. Il sait l'abandon dans lequel nous sommes restés depuis tant d'années, il sait qu'aucun des grands travaux qui s'exécutent dans Paris n'a profité en quoi que ce soit au XIIe arrondissement. Dans une occasion récente et solennelle il disait : « Des rues, des boulevarts, des « quartiers nouveaux s'ouvrent au sein de la capitale, trois cents « maisons tombent sous le marteau de la démolition, ruines fé- « condes pour le travail de l'ouvrier, ruines heureuses pour la sa- « lubrité et l'embellissement de la ville (1). » Il sait qu'aucune de ces rues, qu'aucun de ces boulevarts, qu'aucune de ces trois cents maisons n'est tombée dans le XIIe arrondissement, et c'est là cependant que les ruines seraient fécondes et heureuses pour la salubrité!

Espérons enfin, Messieurs! car le chef du gouvernement lui-même a témoigné à plusieurs reprises tout l'intérêt qu'il portait au XIIe arrondissement. Sa protection ne peut pas nous manquer, et nous en avons pour gage les nobles paroles qu'il prononçait, il y a trois mois à peine, le 10 décembre 1850, à l'Hôtel-de-Ville, et qui sont tout à la fois un conseil pour l'administration et un encouragement pour nos souffrances : « Paris est le cœur de la « France : mettons tous nos efforts à embellir cette grande cité, « à améliorer le sort de ses habitants... Ouvrons de nouvelles « rues, assainissons les quartiers populeux qui manquent d'air « et de jour, et que la lumière bienfaisante du soleil pénètre par- « tout dans nos murs, comme la lumière de la vérité dans nos « cœurs! »

E. Dubarle.

(1) Discours de M. le préfet de la Seine au banquet donné au Président de la République, le 10 décembre 1850.

(*Moniteur* du 11 novembre 1850.)

RAPPORTS DE M. DE QUATREFAGES.

Le projet de la rue des Écoles a été pour M. de Quatrefages l'objet de deux rapports, qui ont été très justement considérés comme *des coups de hache sur les masures que la rue devait jeter par terre*. Mais les coups du savant membre de l'Institut avaient tant de puissance que tous les vieux quartiers de l'arrondissement en furent ébranlés. Il suffit d'en mesurer les traces pour voir qu'avec quelques efforts toute la vieille ville s'écroulerait en ruines.

PREMIER RAPPORT.

(31 mars 1850.)

. . . .

. . . .

On sait que tout le versant septentrional de la montagne Sainte-Geneviève est à peu près inaccessible aux voitures. Cette circonstance explique à elle seule pourquoi on n'y rencontre aucune industrie considérable. Un grand établissement ne peut naître et se développer sans une certaine économie dans les transports, et ici ces transports entraînent doubles frais. Aussi qu'arrive-t-il? Un simple ouvrier vient s'établir dans quelqu'une de ces rues déshéritées. Par son travail, par sa bonne conduite, il devient maître à son tour : sa boutique se transforme en atelier. Mais pour amener jusqu'à lui les matières premières dont il a besoin, il se voit obligé de les décharger au bas de la montagne, puis de les faire transporter dans ses magasins en détail et à dos d'hommes. Mêmes nécessités pour l'expédition des produits manufacturés, et par conséquent aggravation de dépenses. Bientôt il se rebute, et, au lieu de rester là où il est connu, là où sa prospérité même serait pour d'autres travailleurs un encouragement et un exemple, il émigre vers quelque point d'un accès plus aisé. Nous ne faisons pas ici une pure hypothèse. Des faits de ce genre se sont passés maintes fois dans nos quartiers, et à ce moment même, d'après des informations précises que nous avons recueillies, ils sont sur le point de se produire. Ainsi, par cela même qu'un homme est actif, laborieux et économe, il doit tôt ou tard quitter la partie de Paris qui nous occupe; par cela même qu'une industrie grandit, elle est forcée d'aller ailleurs.

Telles sont les tristes conséquences de la disposition naturelle des lieux. Pour y porter remède, il faut évidemment modifier les localités ; il faut ouvrir à mi-côte de la montagne une voie de communication facile et qui réponde aux exigences de la civilisation actuelle : il faut percer la rue des Ecoles.

La question hygiénique qui se rattache au projet actuel est d'un intérêt plus pressant peut-être, plus général à coup sûr. Cette question a vivement préoccupé les commissaires, qui tous connaissent, pour les avoir vues de près, les misères cachées dans les quartiers dont nous parlons. Aussi, croyons-nous devoir entrer ici dans quelques détails ; d'autant plus qu'à cette même question se rattachent toutes celles que nous avons déjà indiquées.

On peut ramener à deux ordres de faits les causes d'insalubrité qui pèsent sur les quartiers que traverserait la rue des Ecoles. De ces causes, les unes sont naturelles et ressortent de la nature des lieux ; les autres sont artificielles et viennent de l'action même des hommes.

Les conditions naturelles d'insalubrité tiennent à deux circonstances principales : la forme du sol et son orientation.

Considérée dans son ensemble, la montagne Sainte-Geneviève forme un mamelon allongé dont la rue de la Vieille-Estrapade occupe l'arête, et se rattachant à la chaîne des coteaux qui bordent la rive gauche de la Bièvre, par l'espace qu'occupent les rues Royer-Collard et faubourg Saint-Jacques. Le grand axe de ce mamelon se dirige à peu près exactement de l'est à l'ouest. Il résulte de là que tout un des versants, et le plus considérable par cela seul qu'il regarde le bassin de la Seine, se trouve placé en plein nord.

Si cette portion du mamelon était libre de toute habitation, sa surface serait rasée matin et soir par les rayons du soleil. Mais, dans l'état actuel des choses, les hautes maisons de la rue des Fossés-Saint-Victor, les détours de la rue Traversine, les constructions du cloître Saint-Nicolas, les immenses murailles de Saint-Jean-de-Latran, s'opposent à ce que les rayons directs du soleil levant ou du soleil couchant pénètrent dans plusieurs portions des rues les plus heureusement orientées sous ce rapport. Nous ne parlons pas des rues perpendiculaires aux précédentes et aboutissant soit à la rue Saint-Victor, soit à la rue des Noyers. Il est évident qu'elles sont condamnées à rester dans l'ombre le matin et le soir.

Vers le milieu du jour, l'orientation de ces dernières rues, qui vont presque directement du sud au nord, leur permet sans doute de recevoir quelques-uns de ces rayons qui portent avec eux la chaleur et la lumière, en d'autres termes, la santé. Mais, à raison de leur étroitesse, la visite que leur fait le soleil est nécessairement très courte ; et, de plus, les ombres des constructions supérieures, allongées par l'inclinaison excessive du sol, viennent encore abréger ces instants. Les terrasses de l'Ecole polytechnique, par exemple, tiennent dans l'ombre la rue Traversine presque en entier et une portion des ruelles qui rattachent cette dernière à la rue Saint-Victor. Saint-Jean-de-Latran, avec les constructions élevées depuis quelques années dans son intérieur, doit se trouver placé dans des conditions toutes semblables.

L'escarpement du plateau de la montagne Sainte-Geneviève, l'élévation des bâtiments qui le couvrent, la hauteur et la direction des maisons dans la rue des Fossés-Saint-Victor, produisent un résultat non moins déplorable. De ce concours de circonstances il résulte que presque toutes les rues placées sur le versant septentrional sont parfaitement abritées au midi et à l'est, et entièrement ouvertes à l'ouest et au nord. Par conséquent, les vents chauds et secs n'y pénètrent que d'une manière indirecte. Les vents humides et froids les parcourent en toute liberté. Ce fait seul entraîne pour les habitants de ces rues les conséquences les plus graves au point de vue de la salubrité.

L'absence de lumière et de chaleur, le manque d'une aération suffisante et saine, sont ici d'autant plus regrettables que ces rues, bâties le long d'une pente très rapide, et souvent bordées de terrasses élevées, reçoivent toutes les infiltrations des terres qui les dominent. De là une humidité extrême et qui ne sèche jamais. Parcourez la rue Traversine, entrez dans ces cours étroites laissées comme à regret dans quelques maisons des rues voisines, et vous verrez partout, au bas des murs, même en plein été, cette matière verte, résultant de la multiplication d'animalcules et de végétaux microscopiques qui ne peuvent vivre sans eau. La présence seule de ces êtres organisés est l'indice d'un mal profond et auquel il faut se hâter de porter remède.

Abandonné à lui-même, le versant septentrional de la montagne Sainte-Geneviève aurait été humide et froid. En venant y fixer sa demeure, l'homme, loin de combattre ces conditions naturelles d'insalubrité, semble s'être étudié à les rendre plus puissantes. Il a intercepté les rayons de soleil, il a barré le passage aux vents chauds et secs, enfin, au lieu d'habitations escarpées, largement ouvertes à l'air et à la lumière, il a entassé des maisons étroites, percées à peine de quelques cours tellement profondes et obscures qu'elles méritent plutôt le nom de puits. Des ruelles larges à peine de quelques mètres séparent seules ces massifs épais. Etait-ce dans un pareil quartier que les classes aisées de la population pouvaient chercher à se loger? La pente exagérée des rues, en mettant obstacle à la circulation des attelages, en a de plus chassé le commerce et l'industrie. Dès lors, le prix des locations devait tomber aux taux le plus bas. C'est ce qui est arrivé; et voilà comment la population la plus pauvre a été attirée et s'est accumulée dans ces lieux. Voilà comment se sont multipliés ces bouges infects dont en 1832 le choléra révéla l'existence, et que nous n'avons tous eu que trop d'occasions de visiter. Sans insister sur les nombreux et tristes détails qu'on pourrait placer ici, sans dénombrer toutes les misères et les vices qui viennent chercher un abri dans ces malheureux quartiers, nous nous bornerons à signaler un fait qui rentre immédiatement dans cet ordre de considérations.

La population de presque toutes les rues que couperait la rue des Ecoles compte un très grand nombre de chiffonniers des deux sexes. Ces malheureux et leur famille vivent le plus souvent dans une chambre unique, qui sert en même temps de magasin. Or, depuis quelques années, les fabricants de papier n'achètent le chiffon que lorsqu'il a subi un premier nettoyage. Les chiffonniers sont obligés de laver et de sécher leur récolte journalière dans la pièce où ils couchent avec femme et enfants. Pour peu que la vente de leur marchandise s'arrête comme on l'a vu pendant presque toute l'année 1848, cette même chambre s'encombre rapidement de chiffons mal lavés et entassés encore humides. Une fermentation putride ne tarde pas à s'établir dans ces monceaux d'ordures ; et ni les odeurs de l'amphithéâtre, ni celles de l'abattoir ou de la voirie, ne peuvent donner une idée des exhalaisons méphitiques au milieu desquelles vivent des familles entières. Aussi lorsque vient à éclater quelqu'une de ces épidémies qui déciment les populations, elle trouve dans ces quartiers une foule de foyers tout préparés, qui ne tardent pas à étendre leur influence pestilentielle. On sait malheureusement que ce ne sont pas là de simples présomptions : 1832 et 1849 n'ont que trop montré que ce sont bien de redoutables réalités.

Pour faire comprendre à quel point la population est entassée dans le quartier qui nous occupe, il suffira des chiffres suivants. La rue Traversine et les six ruelles qui en partent pour aboutir à la rue Saint-Victor renferment à elles seules près de 1/5 de la population totale du quartier du Jardin-des-Plantes ; et pourtant la longueur de ces rues réunies n'est guère que 1/7 de la somme des rues du quartier. Quant à la surface occupée par les massifs de ces rues, elle est à peine 1/20 de la surface entière de ce quartier (1).

Pour donner une idée de ce qu'est cette population, il suffira de signaler le nombre considérable de garnis qu'on trouve dans

---

(1) Nous ne donnons ces chiffres que comme une simple approximation, car ils ont pour base le recensement de 1840, le seul dont nous ayons pu nous procurer les résultats. Toutefois, les travaux faits depuis cette époque ont dû nécessairement tendre à accroître plutôt qu'à diminuer la disproportion que nous avons signalée, puisque aucune des nouvelles rues n'a été ouverte dans la portion du quartier qui nous sert de terme de comparaison.

toutes ces rues, et de rappeler que, lors de la distribution des secours, en 1848, cette section était la plus chargée de tout l'arrondissement, qui lui-même était le plus chargé des douze arrondissements de Paris.

Ainsi, — conditions mauvaises résultant de la forme et de l'orientation des lieux, aggravation de cet état naturel des choses par une distribution et une disposition vicieuses des habitations, encombrement de la population, pauvreté réelle, et misère tenant à l'inconduite, — voilà les éléments dont il faut tenir compte, si l'on veut se faire une juste idée des conditions de salubrité dans lesquelles vivent les habitants de l'île comprise entre les rues Traversine, des Fossés-Saint-Victor, de la Montagne et Saint-Victor.

Nous avons insisté plus particulièrement sur les données que pouvait nous fournir ce quartier, parce qu'il fallait prendre un exemple. Mais, à peu d'exceptions près, ce que nous venons de dire s'applique, en tout ou en partie, au reste du parcours de la rue projetée. Il suffira, pour qu'il ne reste aucun doute à cet égard, de nommer les rues du Clos-Bruneau, des Carmes, Saint-Jean-de-Beauvais, des Maçons-Sorbonne, et le trop fameux cloître de Saint-Jean-de-Latran.

Le percement de la rue des Écoles changera-t-il comme par magie ce triste état de choses, et guérira-t-il sur-le-champ tous les maux dont nous venons de tracer l'esquisse? Non sans doute; mais à lui seul il fera déjà beaucoup, et les conséquences qu'entraînerait la réalisation de ce projet seraient bientôt des plus fécondes. . . . .

A. de Quatrefages.

DEUXIÈME RAPPORT.

(30 *mars* 1851.)

. . . .
. . . .

Votre rapporteur appelle toute votre attention sur une des plus redoutables conséquences de l'oubli dans lequel on laisse la portion de Paris qui nous occupe.

Sur presque tous les points de cette immense ville, on cherche à satisfaire aux exigences de notre époque. Partout on s'efforce de rendre plus faciles ces communications incessantes que réclame l'état actuel de la civilisation. On élargit des rues, on perce des voies nouvelles à travers les vieux quartiers. Dans notre arrondissement on n'a réalisé que bien peu d'améliorations de ce genre. — Sur toute l'étendue du versant septentrional de Sainte-Geneviève, rien n'a été fait. Les progrès si rapides du reste de la ville ont rendu chaque année le contraste plus frappant. Aussi l'émigration des classes aisées et industrieuses s'est-elle accrue et grandit-elle chaque jour.

Mais en abandonnant ces rues pour des quartiers plus favorisés, les habitants qui se rattachent à la société entière par leurs habitudes, par leur éducation, par la possession d'une fortune héréditaire ou acquise, ces habitants, disons-nous, sont remplacés par de nouveaux hôtes qui, trop souvent, ne leur ressemblent en rien. Ainsi s'accumulent peu à peu sur un même point ces existences irrégulières ou hostiles que renferme toujours une capitale. Qu'on y prenne garde : le mal a grandi rapidement ; il sera bientôt à son comble. Quelques années encore, et le versant septentrional de Sainte-Geneviève aura reçu presque tous les bohémiens de tout genre que recèle Paris : il sera devenu *une immense Cour des Miracles*.

Ici, nous n'invoquons pas seulement la justice et l'humanité : c'est au nom de la plus vulgaire prudence que nous parlons. Est-il raisonnable d'entasser ainsi dans un même quartier tous les éléments de désordre et de bouleversement disséminés jusqu'à ce jour ? Est-il sage de les laisser s'aigrir et fermenter par leur contact réciproque? N'est-il pas insensé de les forcer, pour ainsi dire, à se compter en même temps qu'on les refoule dans les ruelles escarpées, dans les forteresses toutes faites qu'on trouve ici à chaque pas? Qu'on y songe sérieusement : il s'agit de tout autre chose que d'un intérêt restreint ou local. Par suite d'une inégalité trop grande avec le reste de la capitale, l'espace compris entre la rue de Laharpe et la rue des Boulangers, sur les pentes de la montagne Sainte-Geneviève, doit devenir en peu d'années une ville à part, comptant de cinquante à soixante mille habitants dont pas un n'aura quelque chose à perdre. — Alors, nous le demandons, le *grand Paris*, le Paris industrieux et riche pourra-t-il avoir un seul jour de sécurité?

Ainsi, — anéantissement du commerce et de l'industrie sur un large espace ; émigration des habitants aisés et vraiment laborieux ; concentration de ce qu'on pourrait appeler les forces dangereuses de la société : telles sont les suites d'un abandon contre lequel protestent également la raison et le droit.

Nous l'avons dit ailleurs, nous le répétons ici, la cause première de ce triste état de choses est le défaut de viabilité. Quel commerçant, quel industriel voudra s'établir dans des rues où la difficulté des transports double le prix de la main-d'œuvre? Quel bourgeois ira habiter une maison inaccessible pour le fiacre le plus hardi? Dès lors, comment empêcher que ces demeures désertées par les citoyens riches, paisibles et éclairés, ne s'emplissent de ces malheureux dont les vices et l'esprit de turbulence tiennent trop souvent à l'ignorance et à la misère? Si l'on veut arrêter dans sa source le mal que nous signalons, il ne faut pas de demi-mesures. Il faut couper par le milieu ces ruelles inabordables ; il faut éventrer Saint-Jean-de-Latran et les asiles qui lui ressemblent ; il faut mettre ces tristes quartiers en communication avec le reste du monde par une voie large et facile ; il faut ouvrir la rue des Écoles.

Envisagée comme opération de voirie, l'ouverture de cette rue est avant tout peut-être une question d'intérêt général. L'étude du point de vue hygiénique nous conduirait à la même conclusion. Mais cet ordre de considérations a été présenté ailleurs avec détail. Les conséquences qui en découlent sont incontestables et incontestées. Aussi nous bornerons-nous à rappeler que l'autorité la plus compétente professe sur ce point les mêmes convictions que nous-mêmes. Le conseil de salubrité a placé le percement de la rue des Écoles en tête des plans dont l'exécution aurait le plus d'importance pour la santé publique de Paris tout entier.

On le voit, nous avions raison de dire que l'État et la ville avaient un intérêt puissant à réaliser le projet qui nous occupe. Quant aux conséquences heureuses que cette réalisation entraînerait pour notre arrondissement, elles sont d'une évidence telle qu'ici toute démonstration devient à peu près superflue.

Il manque au XIIe arrondissement une grande rue pouvant servir de centre de circulation et d'affaires, établissant une communication aisée avec le reste de Paris. La rue des Écoles satisfait à toutes ces conditions.

Nos grands centres d'instruction publique sont partagés en deux groupes complétement isolés aux deux extrémités de l'arrondissement. La rue des Écoles les relierait directement les uns aux autres.

Comprendrait-on que de pareils résultats fussent obtenus sans que la valeur des propriétés s'élevât considérablement sur tout le parcours de la rue? Non certes.

Serait-il possible que cette plus-value ne se fît sentir que sur place? serait-il possible qu'elle ne s'étendît pas de proche en proche de manière à atteindre toute la surface du versant? Ce qui s'est passé autour des rues Rambuteau et de Constantine est là pour nous assurer du contraire.

Ainsi, l'arrondissement considéré dans son ensemble, mais surtout le quartier et ses habitants aisés, ont un intérêt direct et immense au percement de notre rue. Montrons en quelques mots qu'il en est de même pour la population la plus malheureuse.

Ici nous devons répondre à une objection que nous ont adressée quelques hommes éclairés et animés des intentions les plus droites. On nous a dit : « Quand vous aurez renouvelé la surface entière de Paris, quand on ne trouvera partout que de belles rues et de belles maisons, où se logeront les pauvres? Ne devrait-on pas dans leur intérêt réserver quelques quartiers, espèces d'asiles, où ils trouveraient de ces baraques dont les riches ne veulent pas, et où par conséquent ils obtiendraient à bon marché une des premières nécessités de la vie, le logement ? »

Cette objection est spécieuse ; mais elle repose sur une connaissance inexacte des faits.

Une denrée quelconque, on le sait, n'a par elle-même aucune valeur absolue. Son prix courant est réglé par les besoins de la consommation. Plus elle est demandée, plus ce prix s'élève. Eh bien, il en est des logements comme des denrées, comme du blé ou du vin. Par cela seul que les logements d'une certaine nature sont plus ou moins recherchés, leur prix varie sans conserver la moindre proportion avec leur étendue et le bien-être qu'ils assurent aux habitants. Réservez à la classe pauvre un quartier spécial composé de masures obscures et malsaines ; qu'elle s'y entasse au risque de tout ce que pourront y perdre la morale et la santé ; et bientôt elle paiera ces bouges infects aussi cher, plus cher peut-être, que le riche bourgeois ne paie son habitation saine et commode.

Nous ne faisons pas ici de la théorie : c'est pour avoir vu et touché que nous insistons sur ce point. Dans les quartiers qui nous occupent, le propriétaire honorable et honnête reste parfois des années entières sans louer sa maison ou sans toucher le prix de ses loyers. En revanche, des spéculateurs sans moralité font payer étrangement cher à la classe ouvrière les apparentes facilités qu'ils lui accordent. Dans ces demeures hideuses, qui portent le nom de *garnis*, nous avons trouvé des chambres étroites et basses, renfermant jusqu'à huit lits. Une chaise par lit formait d'ailleurs tout l'ameublement accessoire, et séparait seule ces grabats dont la vue et l'odeur révoltaient nos sens. Eh bien ! chaque locataire payait 30 centimes par jour pour ce logement en commun. La chambre entière était donc louée 2 fr. 40 cent. par jour ou 72 fr. par mois, c'est-à-dire 864 fr. par an, ou, en d'autres termes, le prix d'une jolie habitation bourgeoise dans un des quartiers moyens de Paris. Dans ce même garni, nous avons vu ce qu'on appelait *une chambre* habitée par un seul locataire. C'était un espace d'environ 2 mètres 50 centimètres de long sur 0 mètre 50 centimètres de large. Un grabat, une chaise, une table de nuit convertie en armoire, composaient l'ameublement. Une lucarne étroite, fermée par un volet de bois servait de croisée. Ce taudis se payait 50 centimes par jour, 15 fr. par mois, c'est-à-dire le prix d'une chambre propre, aérée et meublée comme en ont beaucoup d'étudiants lorsqu'ils se logent ailleurs que dans les hôtels.

Ainsi quelques hommes avides trouvent, dans l'avilissement général de la propriété et jusque dans la pauvreté même de leurs clients, une source de bénéfices énormes. L'examen comparatif du prix de revient et de la valeur relative des aliments, des boissons, des vêtements, nous révélerait des faits analogues. Telles sont les conséquences qu'entraîne inévitablement l'accumulation sur un seul point de besoins identiques nombreux. Ici l'intervention de l'autorité, quelque active qu'on la suppose, serait forcément impuissante. Pour mettre un terme à ces abus, pour faire cesser cette exploitation de la misère, le seul moyen peut-être, le meilleur à coup sûr, c'est la dissémination des pauvres. Ne fût-ce qu'à ce point de vue tout matériel, le percement de la rue des Écoles serait pour les classes souffrantes un bienfait, qu'elles ne comprendraient pas sans doute, mais qui n'en serait pas moins réel.

Au point de vue de la moralisation de ces mêmes classes, les avantages seraient plus importants peut-être. Quand vous aurez peu à peu refoulé dans un seul quartier tout ce que la capitale renferme de vice et de misères, que voulez-vous qui reste d'honnête dans ce quartier? Est-il besoin de vous rappeler combien est redoutable la contagion de l'exemple ? Sous ce rapport, nous n'hésitons pas à le dire, le percement de la rue des Écoles serait une œuvre de haute moralité. Il préviendrait l'établissement d'un foyer de corruption dont l'influence peut devenir incalculable ; il améliorerait même, sans aucun doute, ce qui malheureusement existe déjà.

En effet, la rue des Écoles, quelles que puissent être les modifications légères apportées à son tracé, coupe par la moitié tout ce versant encore inabordable. Cette rue, appelée à une prospérité réelle, serait promptement bordée de maisons habitables pour la classe aisée. Le bourgeois qui a reçu de ses pères une fortune indépendante, l'artisan enrichi par son commerce, le simple ouvrier arrivé à l'aisance par le travail, n'auraient plus aucune raison pour abandonner un quartier auquel les rattacheraient des habitudes et des relations. Le commerce, l'industrie, se développeraient là où ils n'ont pu pénétrer encore. Avec eux, arriverait une aisance générale, et la véritable propriété reprendrait bientôt sa valeur. Par ce fait même, un certain nombre d'habitants pauvres seraient obligés de changer de domicile; mais les restants trouveraient autour d'eux des éléments de travail et de gain, et par le voisinage des autres classes, par leur contact journalier avec elles, ils rentreraient pour ainsi dire dans la vie commune de la société. Ainsi, du même coup l'on dissoudrait une agglomération menaçante de gens corrompus ou misérables, et l'on combattrait par des exemples et des faits les enseignements du vice, les suggestions de la pauvreté.

On a dit avec raison que la rue des Écoles serait la rue Rambuteau de la rive gauche, et la rapidité avec laquelle a grandi celle-ci nous est un sûr garant du développement de la première. Toutefois, quelques personnes ont élevé des doutes sur ce point. Elles ont opposé rue à rue, quartier à quartier; et, il faut bien en convenir, la comparaison n'est pas à notre avantage. Mais si la rue des Écoles n'a pas à desservir un espace déjà en pleine activité de commerce et d'industrie, elle possédera en revanche deux éléments de succès qui manquaient à sa sœur de la rive droite. Nous voulons parler des arrivages de l'extérieur et du voisinage des grandes écoles.

Dans une des dernières séances, notre honorable et digne président, M. Dubarle, faisait observer avec raison que le XIIe arrondissement était comme cerné par de bonnes voies de communication, sans qu'une seule entrât dans son intérieur. Encore quelques années, et cet arrondissement sera au milieu de Paris comme un de ces bois fourrés qu'entourent de toutes parts les campagnes les mieux cultivées, mais dans lesquels on ne peut pénétrer sans se blesser aux ronces et aux épines. Et pourtant c'est aux limites de cette enceinte abandonnée que viennent déboucher deux des plus grandes artères qui mettent la France en communication avec la capitale. Qui ne voit tout de suite les graves inconvénients d'une pareille disposition ? . . . .
. . . .

A. DE QUATREFAGES.

TRAVAUX DE M. SARI.

Comme membre de la commission centrale des propriétaires et habitants du xiie arrondissement, M. Sari a écrit sur la distribution des eaux dans Paris un remarquable mémoire où cette importante question a été étudiée sous tous ses points de vue. L'histoire de la distribution des eaux, son état actuel, les besoins de la ville, la quantité distribuée aux différents quartiers, les moyens d'assurer un approvisionnement largement suffisant ont tour-à-tour été examinés avec cette sollicitude qu'inspirent les souffrances des populations pauvres, et cette autorité qu'entraîne la connaissance des lois économiques.

Mais ce travail est loin d'être le seul titre de M. Sari à la reconnaissance de la population du xiie arrondissement. M. Sari est un de ces administrateurs laborieux de la vieille école impériale, qui prennent leurs fonctions au sérieux, et s'appliquent au développement des intérêts qui leur ont été confiés.

Aussi, comme conservateur de l'Entrepôt des liquides, M. Sari s'est-il préoccupé des moyens de ramener à l'Entrepôt, dont la prospérité pourrait servir si puissamment les intérêts du xiie arrondissement, l'activité commerciale qui l'avait déserté pour la gare de St-Ouen et le port de Bercy.

Le mémoire de M. Sari sur la distribution des eaux et ses travaux sur l'Entrepôt renferment des passages nombreux, qui doivent tenir une place importante parmi les documents sur lesquels doit s'appuyer la transformation complète de l'arrondissement.

MÉMOIRE SUR LA DISTRIBUTION DES EAUX.

. . . .
. . . . , ...

Au point de vue de la superficie, le xii⁰ arrondissement est le plus mal partagé sous le rapport de la distribution des eaux, car il ne possède qu'une seule bouche d'eau pour environ 27,000 mètres superficiels de terrain ; tandis que certains arrondissements, le iv⁰, le vi⁰ et le ix⁰, comptent une bouche d'eau ou fontaine pour 2,800 mètres, 6,400 mètres et 7,800 mètres.

Au point de vue de la population, le xii⁰ arrondissement figure encore au nombre de ceux auxquels l'eau est distribuée avec le plus de parcimonie : il n'a qu'une bouche d'eau ou fontaine par 650 individus ; d'autres arrondissements, au contraire, le iv⁰ par exemple, en possèdent une pour 240 habitants.

Voici au reste dans quel ordre les arrondissements de Paris peuvent être classés, relativement à la distribution des eaux, comparée à l'étendue et à la population.

	Nombre de mètres par chaque bouche d'eau ou fontaine.	Ordre.	Nombre d'habitants par chaque bouche d'eau ou fontaine.	Ordre.
I⁽ᵉʳ⁾ arrondissement,	21,600	9	450	5
II⁰ —	21,000	8	770	11
III⁰ —	14,000	6	685	9
IV⁰ —	2,800	1	240	1
V⁰ —	18,000	7	730	10
VI⁰ —	6,400	2	410	3
VII⁰ —	8,000	4	900	12
VIII⁰ —	23,500	10	430	4
IX⁰ —	7,800	3	490	7
X⁰ —	23,900	11	460	6
XI⁰ —	9,700	5	340	2
XII⁰ —	27,000	12	650	8

La distribution publique des eaux dans Paris se fait donc d'une manière inégale. — Elle n'est proportionnée ni à l'espace ni à la population, et cependant il importerait vivement de tenir compte de ces deux éléments, car ils donnent la mesure exacte des besoins.

Qu'on vienne dans le XIIe arrondissement, et l'on verra les conséquences de cette inégalité : les fontaines publiques, à certaines heures de la journée, sont assiégées par une population pauvre qui n'a pas le moyen d'acheter l'eau, et à la portée de laquelle il est urgent qu'elle soit mise ; la santé, l'hygiène publique l'exige, et une véritable philanthropie ne veut pas qu'en paraissant la lui distribuer gratuitement, on la lui fasse payer en quelque sorte par le temps qu'on lui fait perdre.

Les bornes-fontaines largement distribuées, depuis quelques années, sur presque toute la surface de Paris, destinées à laver les rues, à les assainir, à entraîner dans les égouts, créés à si grands frais, les eaux ménagères et les immondices dont les émanations peuvent altérer la santé publique, les bornes-fontaines n'atteignent pas non plus dans le XIIe arrondissement le but qu'on s'est proposé. Au nombre de 120 seulement, on en trouve *une* seule sur une superficie de 35,000 mètres de terrain, tandis que dans le IVe arrondissement, on en compte une par 3,000 mètres ; dans le VIe une pour 7,000 mètres ; dans le VIIe et le IXe une pour 9,000 mètres. Un des arrondissements de la rive gauche, le Xe, est, sous ce rapport, dans une situation presque aussi défavorable que le XIIe arrondissement, car il n'y existe qu'une borne-fontaine pour 27,000 mètres.

Qu'arrive-t-il de ce fâcheux état de choses ? c'est que l'eau ne remplit aucun des usages auxquels elle devait pourvoir. Nos bornes-fontaines n'arrosent pas nos rues, ne lavent pas nos ruisseaux ; les habitants viennent y laver leur linge, y prendre l'eau pour leurs besoins domestiques, et nos pauvres quartiers, ceux-là où l'air, le soleil, pénètrent le moins, restent sous l'influence des causes d'insalubrité qui, aux époques d'épidémie, y font tant de ravages.

Si, après avoir constaté l'infériorité des arrondissements de la rive gauche, au point de vue de la distribution des eaux par des appareils publics, nous jetons les yeux sur le nombre des concessions particulières, nous trouvons des résultats divers. En 1849 le nombre des concessions particulières pour toute la ville de Paris était de 5,300, soit 3,200 pour la rive droite, et 2,100 pour la rive gauche. La moyenne de ces concessions était donc de 450 pour chaque arrondissement, et comparée avec la population, d'une concession pour 210 habitants. Or, les trois arrondissements de la rive gauche comptaient à eux seuls 2,100 concessions, c'est-à-dire 700 concessions par arrondissement, au lieu de 450 que la moyenne leur attribue; ils comptent en outre une concession pour 230 habitants au lieu de 210 sur la rive droite.

Que conclure de ces différences? C'est évident que la rive gauche, ne recevant pas la quantité d'eau qui lui est nécessaire, est obligée d'y pourvoir, au moyen de sacrifices particuliers qui pèsent lourdement sur la propriété foncière. Ce sont les quartiers les plus pauvres, ceux où la propriété a le moins de prix, ceux où il n'y a pas de commerce, pas d'industrie, qui ont à supporter les plus lourdes charges. En effet, sur la somme de 1,079 000 fr. que rapportent les concessions d'eau à la ville de Paris, la rive gauche contribue pour les 2/5, c'est-à-dire pour 420 000 fr.

Ces charges sont encore aggravées par le haut prix relatif des concessions, dans la plupart des quartiers de la rive gauche. En vertu d'un arrêté de M. le préfet de la Seine en date du 1er août 1846, le prix des abonnements a été tarifé, et ce prix varie suivant la nature des eaux. L'abonnement annuel aux eaux de l'Ourcq coûte 75 fr.; il est de 100 fr. pour les eaux de la Seine, d'Arcueil et du puits artésien de Grenelle. Or, comme la rive gauche est desservie presque exclusivement par ces dernières eaux, il en résulte que dans le XIIe arrondissement, le plus pauvre de tous, l'eau y est d'un 1/4 plus chère que dans les quartiers riches.

DE L'ENTREPOT GÉNÉRAL DES LIQUIDES ET DU COMMERCE DES VINS ET SPIRITUEUX.

. . . .
. . . .

BUT DE LA CRÉATION DE L'ENTREPOT.

La halle aux vins, établie en 1656, était d'une étendue d'environ 2 hectares. Elle ne pouvait contenir à la fois dans ses hangars, caves et carrés, plus de 55,546 hectolitres de vin.

Le renouvellement résultant des ventes et transactions commerciales portait, en 1808, le chiffre total des vins qui y avaient séjourné dans le courant de l'année à environ 300,000 hectolitres.

Elle était assimilée au port de la Tournelle et aux autres ports de l'intérieur de Paris quant à la perception des droits d'entrée; c'est à-dire que les vingt-cinq commissionnaires ou marchands qui l'occupaient habituellement ne jouissaient pour l'acquittement de ces droits que d'un crédit de trois mois à partir du jour où les marchandises entraient dans ses magasins..

L'administration trouvait une garantie de ce crédit dans un cautionnement obligé ; mais les intérêts du commerce en souffraient, puisque, souvent, il était astreint à une avance onéreuse pour les vins invendus.

Cependant, pour concilier les intérêts du commerce et ceux de l'administration, un décret impérial du 1er janvier 1809 convertit cette halle en entrepôt provisoire, régi par l'administration de l'octroi, en attendant que l'entrepôt définitif fût construit.

En effet, la halle aux vins étant insuffisante, l'empereur Napoléon avait conçu le projet d'un entrepôt général, afin de rendre Paris le centre de tout le commerce des vins avec le Nord, et d'y assurer constamment, avec sécurité pour les négociants, l'abondance et le bas prix de cette marchandise. — Par son décret du 30 mars 1808 il en ordonna la création.

Le but du gouvernement impérial était aussi de concentrer et de surveiller plus efficacement la branche la plus productive de l'impôt indirect qui, de tout temps, s'est le plus prêtée à la fraude et aux combinaisons de toutes sortes afin d'échapper à l'action de la loi.

Telle fut la pensée libérale qui présida à la création de l'entrepôt général des liquides.

D'après le plan primitif, cet établissement devait s'étendre de l'ancienne rue de Seine (aujourd'hui rue Cuvier) à la place Maubert, sur une façade d'environ quinze cents mètres. Un canal devait le parcourir dans toute sa longueur.

La chute de l'empire empêcha la réalisation de cette magnifique conception, qui aurait doté la ville de Paris du plus beau marché de l'Europe, et l'Entrepôt fut réduit à ses proportions actuelles.

. . . .

. . . .

Mais ce qui manque à cet établissement, c'est une vaste salle qui servirait aux négociants de point de réunion, et qui pendant des heures déterminées deviendrait la bourse ou loge officielle des marchands de vin. Là serait le siége du syndicat des courtiers-piqueurs, et de plus un grand bureau de poste indispensable, ainsi que nous l'avons dit, aux besoins du commerce.

Il serait facile d'établir cette salle sur l'un des grands emplacements restés libres, sans nuire à l'harmonie générale des constructions. On s'étonne, avec raison, que l'administration n'ait pas encore répondu à ce besoin du commerce pour lequel un projet lui est soumis depuis longtemps. Des établissements d'une moindre importance sont plus favorisés à cet égard. Espérons donc que l'on s'occupera enfin de l'Entrepôt; la ville de Paris y est décidément intéressée. En donnant au commerce toutes les facilités possibles, elle augmentera le chiffre des transactions et élèvera ainsi la prospérité d'un établissement qui doit être l'objet de toute sa sollicitude. Dans ses conditions actuelles, l'Entrepôt est livré à l'isolement et à l'abandon. Comment en serait-il autrement? En hiver, pendant le froid ou la pluie; en été, pendant la sécheresse ou la chaleur, les négociants n'ont d'autre centre de réunion que la vaste place établie sur toute la longueur du quai Saint-Bernard. Comme les températures extrêmes sont les plus communes à Paris, il en résulte que la place de l'Entrepôt est un vaste désert où l'on voit errer péniblement quelques rares négociants inoccupés, et que nul moyen de se rapprocher n'existant, les entrepositaires vivent éloignés les uns des autres, et sont presque toujours un sujet de pénibles recherches pour les acheteurs.

. . . .
. . . .

ORIGINE DU COMMERCE DE BERCY.

Le décret constitutif de l'Entrepôt, du 30 mars 1808, interdisait la station des vins sur le port de Bercy et la Râpée.

Cependant, le commerce des vins prit un tel développement que, pour faire concurrence à l'Entrepôt, des magasins considérables s'établirent, successivement, à Bercy.

La loi du 28 avril 1816, rendue sous l'influence des deux plus riches propriétaires des terrains de Bercy, ayant dégagé le commerce extérieur de l'Entrepôt des formalités les plus gênantes, et notamment de l'interdiction prononcée par le décret du 30 mars 1808, la réaction se fit bientôt sentir en faveur de Bercy.

. . . .
. . . .

CAUSES DE L'ABANDON DE L'ENTREPOT.

Si les conséquences de la loi du 28 avril 1816 ont fait abandonner successivement l'Entrepôt par la plupart des marchands en gros et commissionnaires, la faculté laissée aux courtiers-piqueurs d'exercer à Bercy a puissamment contribué à augmenter cet abandon. Cela s'explique beaucoup plus par les considérations suivantes que par la concurrence des agents sans titre désignés sous le nom de *courtiers-marrons*, qui, n'exposant rien, compromettent souvent les intérêts du vendeur par la légèreté qu'ils apportent dans l'exercice de leur industrie, et la solvabilité souvent douteuse de leurs acheteurs.

A l'Entrepôt, d'après les règlements, les marchandises déchargées sur le port annexe ne sont soumises, il est vrai, à aucun droit de station, mais elles doivent être enlevées dans un délai très limité. On n'en tolère point le gerbage. En un mot, ce port, tout libre qu'il soit, n'est qu'un port de déchargement. Les bateaux eux-mêmes n'y peuvent séjourner qu'un nombre de jours déterminés.

A Bercy, au contraire, la berge, qui est la propriété des particuliers, n'est autre chose qu'un vaste marché public où se pressent incessamment vendeurs et acheteurs. Les bateaux amarrés au rivage sont presque toujours autant de celliers flottants, où se concluent de nombreuses et importantes transactions. Enfin, dans toute l'étendue de Bercy, il n'existe point de caves, mais bien des celliers ou hangars qui sont des succursales de la berge, et d'immenses cours où les marchandises sont entassées : ce sont autant de marchés particuliers dans le marché public.

L'intérieur de l'Entrepôt offre-t-il, du moins, au commerce quelques-uns des avantages qu'il trouve à Bercy? Nullement.

Dans l'Entrepôt, quoique les rues et préaux soient très larges, les marchands sont forcés d'emmagasiner immédiatement leurs marchandises. C'est à peine si l'on tolère un séjour momentané de quelques fûts sur les trottoirs.

Cette mesure peut être fort bonne au point de vue administratif, puisqu'elle maintient l'ordre et la symétrie dans l'établissement. Au point de vue commercial et financier, elle est une faute qui enlève à l'Entrepôt une quantité de transactions dont s'augmentent les avantages du commerce de Bercy.

C'est ainsi que l'Entrepôt a été déshérité de la position prospère qui lui était assurée par l'exécution des décrets du 30 mars 1808 et du 15 décembre 1813.

Cependant le mal est il sans remède? Nous ne le pensons pas. Dans un travail ultérieur, nous indiquerons quelques mesures efficaces qui suffiraient, selon nous, pour faire sortir complétement l'Entrepôt du délaissement dans lequel il se trouve, sans porter atteinte aux principes de la justice et de la liberté pour tous, ou qui, pour mieux dire, rentreraient dans l'application de ces principes.

Nous nous bornerons aujourd'hui à demander qu'il soit donné au commerce de l'Entrepôt les mêmes facilités qui sont accordées aux négociants de Bercy, en autorisant le gerbage des marchandises sur la plus grande partie du port annexe. Cela peut se faire sans augmenter le personnel de l'administration, sans nuire aux précautions de sécurité, sans entraver la circulation, et, par conséquent, sans rien ôter de l'action de la surveillance.

Qu'adviendrait-il de cette mesure?

Le négociant en gros attacherait son acheteur, en lui offrant la facilité de déguster à son aise et de faire son choix parmi tous les vins exposés ainsi sur la voie publique. Il lui donnerait de plus une espèce de garantie de la bonne qualité de ses vins, car les coupages et mouillages, quand on en fait, n'ont lieu que dans l'intérieur des magasins. Il pourrait vendre à meilleur marché, car l'excès du coulage, résultant de l'exposition au grand air, serait plus que compensé par l'économie des frais de roulage, de mise en magasin, d'entrée et de sortie, etc. Enfin, il attirerait à l'Entrepôt la plupart des acheteurs qui l'ont déserté pour aller à Bercy, par la raison que, des avantages qui précèdent, résulterait un commencement de parité commerciale entre les deux places.

Cette parité est loin d'exister. Nous en puisons la preuve dans le relevé suivant que nous avons emprunté aux contributions indirectes, et qui résume les opérations de l'année 1844.

VINS.

Il est sorti pendant cette année de l'Entrepôt :

Pour la consommation de Paris.	326,577 hect.	13 lit.
Pour l'extérieur.	452,227	92
Total.	778,805	05
Dans la même année, il est sorti de Bercy :		
Pour la consommation de Paris.	619,272	24
Pour l'extérieur.	976,952	00
Total.	1,596,224	24
Différence en faveur de Bercy.	817,419	19

Ce chiffre est plus éloquent que tout ce que nous pourrions ajouter. Nous rappellerons seulement que le commerce des vins du département de la Seine opère sur une somme annuelle de 120 millions de francs.

Une considération puissante vient se joindre à toutes celles qui précèdent : c'est la surveillance de l'autorité rendue plus facile, tant sous le point de vue de l'hygiène publique que sous le rapport des intérêts du Trésor.

ALCOOLS ET EAUX-DE-VIE.

Nous avons dit que l'Entrepôt peut contenir dans ses bâtiments spéciaux cent soixante mille hectolitres d'alcool. Cette contenance est insuffisante.

L'ancienne halle aux vins n'en contenait que trente mille.

Depuis vingt-cinq ans, le commerce des spiritueux a pris une extension considérable, et l'expérience de plusieurs années a démontré que Paris est destiné à recevoir le trop plein des récoltes converties en spiritueux.

Aujourd'hui le chiffre des affaires dans les spiritueux, pour le département de la Seine, s'élève de 30 à 40 millions de francs chaque année.

Les opérations sur le *trois-six* ont pris un développement considérable. Comme les fonds publics, cette production a son jeu de hausse et de baisse, ses livraisons, sa liquidation, etc.

L'industrie, en étendant ses découvertes, ses inventions et ses transformations, emploie une grande quantité d'alcool.

La consommation des eaux-de-vie augmente en raison de l'accroissement de la population.

Paris, dans ce mouvement ascendant, doit, par sa position, ses relations et l'intelligence qui préside à la généralité de ses affaires, jouer le principal rôle et exercer la plus grande influence.

Il convient donc que l'Entrepôt puisse toujours recevoir la moyenne des spiritueux que le haut commerce de Paris est intéressé à concentré dans ses mains.

La nécessité de la centralisation de cette branche importante des opérations commerciales dans un seul local est trop évidente pour qu'il soit utile d'en déduire les motifs qui ont été l'objet de plusieurs de nos rapports.

Nous nous bornerons à rappeler que les deux conditions fondamentales que l'Entrepôt doit offrir au commerce sont : *la commodité et l'économie*. A ces deux avantages, il faut joindre *la sécurité*.

Cette dernière condition existe dans toute la possibilité de sa plénitude. Il pourrait en être de même des deux autres, qui ne sont qu'imparfaites par suite de l'insuffisance des locaux.

Des agrandissements notables sont possibles et faciles.

Il existe dans la circonscription des eaux-de-vie deux grandes terrasses sur lesquelles on pourrait construire, sans de grands frais, deux magasins généraux assez vastes pour contenir environ trente-cinq mille hectolitres.

Cette augmentation d'un cinquième de l'emplacement actuel serait un bienfait pour le commerce et un avantage pour l'administration dont la surveillance s'exercerait plus facilement et plus complétement.

Bienfait pour le commerce, parce que la proximité du dépotoir, dont nous allons parler, rendrait plus faciles les travaux de manutention indispensables, et, par conséquent, les transactions. De là, *aise* et *économie*, deux causes essentielles de prospérité pour le commerce.

Avantage pour l'administration, par la raison que le commerce étant centralisé et prospère, les travaux et opérations se font sous l'œil de tous, la fraude diminue et les ressources du budget augmentent. Ceci est élémentaire.

Or, il ne faut pas se dissimuler que la fraude est aussi considérable sur les spiritueux que sur les vins. Si clairvoyants que soient les yeux du fisc, ils s'aperçoivent difficilement de la diminution du titre des alcools à l'entrée. Hâtons-nous cependant de dire que ce n'est pas leur faute. Comme ils ne peuvent y voir qu'à l'aide de leurs instruments de précision, la fraude, toujours si ingénieuse, paralyse ou altère l'exactitude de ces instruments; et les employés, impuissants dans ce cas, laissent passer et deviennent les complices innocents des fraudeurs. Nous savons qu'il existe des instruments infaillibles. Quand donc les adoptera-t-on ?

On le voit, il est indispensable, selon le but de sa création, que l'Entrepôt *centralise* la réception, le dépôt et la livraison des spiritueux.

NÉCESSITÉ DE TRANSFORMER EN DOCK L'ENTREPOT DES LIQUIDES.

Les avantages que cette transformation procurerait au commerce, à la ville et aux consommateurs, ont été exposés ainsi par M. Sari dans la *Revue municipale* du 16 décembre 1852.

Le décret du 24 septembre dernier autorise la création de docks jouissant du privilége de délivrer des récépissés négociables par voie d'endossement. Ces docks peuvent recevoir (art. 1er) les matières premières, les marchandises et objets fabriqués.

Si ces établissements doivent emmagasiner les vins et eaux-de-vie, car rien jusqu'ici ne semble s'opposer à ce droit qui paraît leur être réservé ; s'ils ont en outre la faculté *exclusive* d'émettre un titre négociable représentant la valeur de ces liquides, c'en est fait de l'Entrepôt du quai Saint-Bernard, il devient sans emploi.

Cependant l'entrepôt des liquides, établi sur des bases solides, serait un dock par excellence, un dock *dont la ville de Paris est propriétaire*.

Pourquoi ne jouirait-elle pas du privilége concédé aux établissements dont la fondation vient d'être décrétée ?

La ville de Paris, le commerce des propriétaires de vignes, les consommateurs eux-mêmes en recueilleraient de précieux avantages.

La ville y gagnerait une augmentation dans les revenus, augmentation bien désirable, surtout dans un moment où l'exécution de grands travaux entraîne l'administration municipale dans des dépenses si considérables.

Les consommateurs y trouveraient un marché mieux approvisionné, parce que cette précieuse facilité d'avoir à leur disposition un titre négociable et représentant la valeur des marchandises ferait affluer à l'Entrepôt les vins qui s'arrêtent à Bercy. Il en serait de même pour les liquides que les propriétaires ne garderaient plus chez eux.

Les consommateurs, et ceci surtout est bien digne de l'attention de l'autorité, les consommateurs seraient à l'abri des sophistications qui compromettent la santé publique.

Toutes ces considérations, que nous nous réservons d'analyser successivement dans la *Revue municipale*, nous font désirer un décret additionnel qui compléterait en ce sens celui du 24 septembre dernier :

« Considérant qu'en autorisant dans Paris la création de docks jouissant de la faculté d'émettre des récépissés négociables par voie d'endossement de la valeur des marchandises, le gouvernement n'a pas entendu priver de ces avantages les divers entrepôts soumis à son administration ;

« Considérant que tous les motifs d'intérêt public qui ont déterminé la création des docks et la constitution de leurs priviléges peuvent être invoqués en faveur de l'entrepôt général des liquides fondé par l'Empereur....

« Art. 1er. — L'administration de l'entrepôt des liquides est autorisée à délivrer des récépissés de la valeur des marchandises déposées dans les magasins. Ces récépissés pourront être négociés par voie d'endossement.

« Art. 2. — Les règlements d'administration publique concernant le mode de délivrance des récépissés de la compagnie des docks, ainsi que les obligations imposées à cette compagnie, pour garantir les intérêts du commerce et des particuliers, seront applicables à l'administration de l'entrepôt général des liquides. »

Ce décret complémentaire rendrait nécessaires certaines constructions importantes.

On pourrait, par exemple, faire arriver les bateaux jusque dans l'Entrepôt même, au moyen d'un canal passant sous le quai Saint-Bernard. Le long de ce canal seraient construits des caves ou celliers occupant tout l'espace en avant des constructions actuelles.

SARI,
Conservateur de l'entrepôt des liquides.

Ramener à l'Entrepôt le commerce qui l'a déserté pour Bercy, multiplier l'importance de cet établissement par la faculté d'émettre des warrants, ce serait, on le voit tout de suite, doter le xiie arrondissement de l'un de ces grands foyers d'activité commerciale qui répandent autour d'eux le bien-être et la prospérité.

HALLE AUX CUIRS.

MÉMOIRE DE M. LAZARRE.

La création d'une halle aux cuirs sur le bord de la Bièvre fut promise aux tanneurs il y a tantôt deux siècles. Depuis lors on attend. Cependant, les développements que l'industrie des cuirs a pris dans le XIIe arrondissement, les souffrances, les embarras sans nombre qui résultent pour elle de l'absence d'un établissement qui donnerait aux transactions tant d'éléments de garantie, ont soulevé depuis quelques années de vives réclamations, non-seulement de la part des tanneurs, mais encore de la population entière de l'arrondissement.

La *Revue municipale*, dont le savant directeur, M. Louis Lazarre, a plaidé tant de fois la cause de la rive gauche, s'associant en tous points aux justes réclamations des habitants du XIIe, les a soutenues avec toute la force que donne à sa rédaction la parfaite connaissance des traditions et des règlements de l'administration municipale. Une délibération récente du conseil fait espérer que justice sera faite bientôt; et, le jour où les habitants du XIIe compteront au nombre des établissements utiles de l'arrondissement cette halle qu'ils ont tant de fois demandée, ils devront cette bonne fortune à leur bon droit d'abord, et ensuite au vaillant champion qui est descendu soixante-trois fois dans l'arène pour le défendre et le faire valoir.

Le mémoire suivant, que nous reproduisons d'après la *Revue municipale* du 16 avril 1854, jette un jour si complet sur cette importante question, que la justice des réclamations de l'industrie des cuirs et des habitants du xii⁰ arrondissement ne saurait désormais souffrir le moindre doute dans l'esprit de personne.

DÉPLACEMENT DE LA HALLE AUX CUIRS,

NÉCESSITÉ DE CONSTRUIRE UNE HALLE ET MARCHÉ POUR LES CUIRS DANS LE XII⁰ ARRONDISSEMENT, AU CENTRE DE LA TANNERIE PARISIENNE.

A MM. les membres du conseil municipal de Paris.

MESSIEURS,

Cette question, qui intéresse un arrondissement dont la population est d'environ 100.000 habitants, est soumise en ce moment à la sagesse de vos délibérations.

Qu'il nous soit permis d'exposer devant vous d'utiles enseignements puisés aux sources les plus pures, et d'être, pour ainsi dire, en cette circonstance, un des échos de cette grande voix de la ville.

Vous dire ce qui, dans notre conscience, est l'expression de la vérité, c'est vous bien servir, c'est être assuré d'avoir conquis des titres sérieux à votre bienveillance paternelle.

Dans le quartier des Arcis, l'un des plus anciens de Paris, existe une ruelle qui porte le nom de *rue de la Vieille-Tannerie;* cette ruelle est voisine de la rivière, et cette circonstance nous explique pourquoi les tanneurs et mégissiers s'étaient fixés en cet endroit.

Au xv⁰ siècle, ils formaient une corporation riche et puissante; leurs établissements étaient situés en bordure des quais Lepelletier, de Gèvres et de la Mégisserie.

Ces établissements, on le conçoit sans peine, gênaient la circulation, compromettaient la salubrité publique. Aussi vos magistrats, mécontents d'un pareil voisinage, durent employer tous les moyens pour expulser les tanneurs et mégissiers du centre de Paris.

L'édit du roi du 2 décembre 1577 les força de porter leurs établissements vers les quartiers Saint-Marcel et de Chaillot ; mais en les obligeant à ce déplacement, l'autorité royale promit, entre autres dédommagements, à cette industrie, déjà bien importante, la construction d'abris pour y déposer ses cuirs. Ces promesses n'ont point été réalisées, — et c'est leur exécution que réclame aujourd'hui de votre justice toute la tannerie parisienne.

Au centre de Paris, dans l'un des quartiers les plus populeux, les plus encombrés, où le terrain se dispute pied à pied, et se vend au poids de l'or, à 60 mètres des halles centrales, dans la rue Mauconseil, on voit un petit bâtiment dont la pierre noircie accuse l'ancienneté. Ce bâtiment est tout ce qui nous reste de l'ancien hôtel de Bourgogne, de ce manoir qui, sous Charles VI, égalait en magnificence l'hôtel royal de Saint-Paul.

Aujourd'hui, ce débris d'un palais n'a pour le distinguer des maisons ses voisines qu'une porte cochère sur l'archivolte de laquelle on lit cette inscription : *Halle aux cuirs, bâtie en* 1784. Comment et pourquoi cette halle aux cuirs est-elle venue se fixer en cet endroit ?

Elle servait, dans l'origine, à déposer les cuirs arrivant de province, pour de là les expédier, après leur vente, dans les différents quartiers de la ville. Ce dépôt était placé sous le régime municipal ; il y avait *un garde, un prud'homme et deux vendeurs de cuirs héréditaires, commis à la vente des marchandises*. Ainsi, rien n'entrait dans cet établissement, rien n'en sortait sans être contrôlé, poinçonné. — L'honnêteté des transactions était donc assurée complètement (1).

Pour la première fois, en 1808, on signalait à l'autorité l'existence d'intermédiaires dans l'industrie des cuirs.

---

(1) La prévôté des marchands s'est toujours montrée jalouse d'exercer ce contrôle salutaire sur tous les établissements industriels. Les statuts des six grandes corporations marchandes n'ont été mis en pratique ou modifiés qu'après avoir obtenu la sanction du conseil de ville. Aussi disait-on en Europe : *Commerce parisien, commerce d'honnêtes gens !* Dans la circonstance présente, ce souvenir historique est plus qu'un enseignement, — il oblige !

On sait que les équipements militaires emploient une grande quantité de cuirs et peaux de toute nature. Au commencement de la campagne de 1808, les prix avaient éprouvé une augmentation sensible, et l'État rencontrait quelques difficultés à compléter l'équipement de nos armées. Ces embarras furent attribués à l'existence de ces agents. Ils avaient accaparé, disait-on, cette marchandise, et n'en consentaient la vente qu'en faisant supporter au gouvernement une hausse considérable.

Napoléon, auquel on fit connaître ces embarras, ordonna de suite une enquête. Elle démontra la présence d'agents prélevant sur le vendeur et l'acheteur un impôt onéreux. Pour faire cesser cet abus, une loi était indispensable : la question fut soumise au conseil d'État.

Après plusieurs mois d'examen, le comité qui avait été chargé du rapport de cette affaire en donna lecture au conseil assemblé, qui, dans sa séance du 28 mai, arrêta le projet de décret dont nous allons reproduire les principaux articles.

CONSEIL D'ÉTAT.

Séance du 28 mai 1808.

PROJET DE DÉCRET DE LA HALLE AUX CUIRS.

. . . .

« Art. 3.

« La halle aux cuirs sera incessamment disposée de manière à suffire aux besoins du commerce et à garantir de toute altération les marchandises qui y seront amenées.

« Art. 4.

« Tous les cuirs et peaux provenant des tanneries et mégisseries extérieures, qui seront amenés à Paris, devront être conduits directement à la halle, pour y être vendus et lotis s'il y a lieu.

« Il est, en conséquence, défendu à tous particuliers de former aucun entrepôt ou magasin de commission de cette marchandise, et ce sous les peines portées par les règlements, et notamment par les lettres-patentes du 9 août 1770. »

En marge du projet de décret, on lit ces mots :

« *Au palais impérial de Bayonne, le 9 juin* 1808. » — Et de la main de l'Empereur : « *Approuvé, Napoléon.* »

Au bas de la marge se trouve cette mention : « *Expédié au ministre de l'intérieur, le* 13 *juin, avec une lettre à Son Excellence.* »

Les événements de 1814 et 1815 causèrent un grave préjudice à l'industrie de la tannerie. — Tout embarras commercial donne naissance à des intermédiaires qui exploitent la gêne.

Le décret si sage de l'Empereur n'était pas exécuté. En cette circonstance, reparurent ces agents, dont l'action, peu sensible d'abord, altéra profondément, par la suite, l'ancien système de vente suivi pendant des siècles par la tannerie parisienne. L'intervention de ces agents, connus depuis sous le nom de commissionnaires, consistait, dans le principe, à opérer le placement des marchandises que leur expédiaient les fabricants de province. Pour cet office, une rétribution de 2 0/0 leur était allouée. — Mais leur influence ne tarda pas à s'augmenter, et voici comment :

Les commissionnaires, petit à petit, se créèrent une clientèle de détaillants, en vendant aux corroyeurs.

Les nouvelles tanneries, que soutenait le crédit toujours chancelant et mobile par nature, sollicitaient également leur intervention pour la vente des cuirs fabriqués ; il en résulta une concurrence active, permanente, dont les anciennes tanneries devinrent les victimes.

En effet, cette concurrence faisait baisser le prix des marchandises, premier sacrifice. Elle obligeait ensuite à des crédits considérables, à des facilités dangereuses, mais toujours imposées par la nécessité de vendre. Aussi, à chaque malheur public, à chaque crise commerciale, le contre-coup s'en faisait cruellement sentir dans les anciennes tanneries parisiennes, qui se trouvaient ébranlées par des pertes considérables, tandis que les commissionnaires, vendant en grande partie alors, pour le compte des expéditeurs et tanneurs de province, se trouvant à l'abri par leur position de courtiers, laissaient tranquillement passer l'orage.

Cette situation fâcheuse des anciennes tanneries dut empirer. Les commissionnaires étaient devenus les arbitres du commerce de détail : les maisons de tannerie qui jusqu'alors avaient résisté à leurs sollicitations, se voyant sur les bras beaucoup de marchandises, durent prêter l'oreille aux offres d'argent faites par les commissionnaires pour obtenir des cuirs en consignation. En présence d'engagements impérieux, quelques tanneurs obérés cédèrent ; une fois l'impulsion donnée, tout le commerce des cuirs dut la subir. Ainsi les commissionnaires, de simples intermédiaires, sont devenus de véritables banquiers, ouvrant des crédits plus ou moins importants, prêtant sur nantissement, sur gage, aux tanneurs de la province et de Paris.

L'établissement municipal devait être et fut bientôt une halle postiche. — La véritable halle aux cuirs est aujourd'hui dans les vingt maisons de la rue Mauconseil.

C'est là que se débattent les grands intérêts de la tannerie, c'est là que se forment les cours, c'est là qu'on tarife la valeur des maisons, qu'on limite le crédit qu'on doit leur accorder. Ces vingt commissionnaires enfin tiennent dans leurs mains, disposent à leur gré de l'existence, de l'honneur de plus de douze cents familles !

Cette oppression, ou mieux ce monopole, voilà précisément l'abus que le décret de l'Empire voulait détruire à tout prix.

Chose digne de remarque, les préfets de police, les seuls magistrats bien placés, par la nature même de leurs fonctions, pour apprécier cette question au point de vue de l'honnêteté des transactions, les préfets de police, *tous sans exception*, ont réclamé comme nécessaire, indispensable, le rétablissement de l'ancien contrôle par les agents de l'autorité municipale. Voici, messieurs les conseillers, à l'appui du fait que nous avançons, un document qui émane d'un préfet de police ; — ce document porte la date du 4 juin 1850.

Le magistrat, appelé à se prononcer sur l'utilité d'une halle dans le XII⁽ᵉ⁾ arrondissement, s'exprime ainsi :

« Pour éviter autant que possible toute contestation, il y aura un bureau de poids public permanent ; son usage sera obligatoire pour toutes les marchandises; le droit de pesage, fixé par le tarif du 6 prairial an II, sera supporté moitié par les vendeurs et les acheteurs, à moins d'accords contraires entre eux.

« Un certain nombre de facteurs nommés par l'administration, qui contrôlera tous les actes de leur gestion, seront attachés à cet établissement; leur emploi sera facultatif; les transactions directes entre les vendeurs et les acheteurs pourront toujours avoir lieu sans leur concours.

« Il y aura aussi des garçons ou forts médaillés qui, sous la surveillance de l'administration et des commissionnaires, feront tout le service intérieur et extérieur de la halle.

« La création de cette halle offrira trop d'avantages pour qu'on ne les apprécie pas. Voici les principaux :

« 1º Un établissement vaste, aéré, commode, dans un quartier un peu excentrique, il est vrai, mais dont la destination exige cette excentricité, qui le rend propre à recevoir toute sorte de marchandises, souvent nauséabondes, qui ne pourraient jamais être introduites dans celui de la rue Mauconseil, fût-il même reconstruit dans des dimensions suffisantes.

« 2º Sécurité complète pour les vendeurs et les acheteurs, placés sous la surveillance de l'administration; plus de fraudes possibles, ni sur le poids, ni sur le prix des ventes; connaissance journalière à la première réquisition de la sincérité des opérations, ce qui n'a pas lieu chez les commissionnaires.

« 3º La liberté de faire les transactions directement et d'éviter ainsi les droits de factage.

« Pour citer un exemple de l'économie offerte au commerce, mettons de côté toute fraude et supposons que tout se passe loyalement. Comparons ce que le commerce paie aux commissionnaires actuels avec ce qu'il aurait à payer dans la série la plus élevée de notre tarif.

« Un cuir ordinaire pèse environ 20 kilog., et vaut environ 50 fr. Que coûte-t-il chez les commissionnaires ?

« Droit d'entrée . . . . » 10 ⎫
« Aux garçons pour l'entrer et le sortir » 10 ⎬ 1 fr. 70 cent.
« Commission de vente 3 0/0 . . . 1 50 ⎭

« Le même cuir au prix le plus élevé de notre tarif, ayant fait trois mois de séjour dans les magasins et vendu par l'office de *nos facteurs*, coûtera :

« Par 100 kil., trois mois de magasinage à 6 fr. 40 c.	» 25	
« Droit de manutention, deux mois de magasinage	» 16	› fr. 90 c.
« Aux facteurs 1 0/0	» 50	

« C'est-à-dire à peu près moitié moins. »

Cette opinion d'un préfet de police, placé par ses fonctions dans une position toute favorable pour bien connaître les défauts du système actuel, est digne de la sérieuse attention du conseil municipal de Paris. — Là est la vérité !

La halle aux cuirs du ve arrondissement, lisons-nous dans un de vos documents officiels, *a cessé d'être en réalité l'entrepôt de la tannerie*. Mais alors, messieurs les conseillers, si cet établissement ne sert pas, s'il est inutile, pourquoi laisser improductive une propriété communale dont la valeur est importante, surtout dans un moment où la ville fait de si grands, de si nobles sacrifices pour les halles centrales, qui sont à 60 mètres de cet établissement n'ayant pas sa raison d'être ?

Maintenant, messieurs les conseillers, supposons que votre délibération exauce le vœu unanimement exprimé par les préfets de police qui se sont succédé depuis 1814.

Une halle aux cuirs est formée dans le xii_e arrondissement. Cette halle, placée sous le régime municipal, est concédée à une compagnie honnête et dont les antécédents sont par vous scrupuleusement tamisés. Alors les transactions se font au grand jour, tout est inscrit, vérifié par des agents indépendants de la compagnie. Il y a un poids public, une vérification de chaque instant. A la place des commissionnaires étrangers à l'administration, dont les actes échappent à tout contrôle, vous avez des facteurs responsables versant un cautionnement. Les commissionnaires font des avances sur nantissement de marchandises. Mais à quel prix ? quel est le taux de l'intérêt pour l'argent prêté ? Avec les récépissés donnés par l'établissement municipal, le tanneur et le fabricant sont sûrs de se procurer de l'argent dans toutes nos maisons de banque, en payant un intérêt uniforme, légal.

Pour le commerce intérieur, si une halle aux cuirs placée sous le régime municipal est favorable à la tannerie, on va voir combien cet entrepôt servira grandement les intérêts du commerce de l'importation.

Buénos-Ayres, Fernambuco, Montévidéo, l'Algérie enfin, envoient leurs cuirs en poil ou salés au Havre. Pourquoi les expéditeurs n'ordonnent-ils pas de les diriger de suite sur Paris? Pourquoi? parce qu'il n'y a pas de halle placée sous le régime municipal. Nous avons bien l'entrepôt du Marais. Cet entrepôt abrite, mais ne vend pas la marchandise. Il faut que les expéditeurs aient recours au moyen employé par les tanneurs de province, c'est-à-dire au commissionnaire. Si honorable qu'on suppose cet intermédiaire, il ne présente jamais les garanties qu'une grande administration inspire à l'étranger.

Avec une halle aux cuirs placée sous le régime municipal, l'expéditeur de Buénos-Ayres ou de Montévidéo dirigera ses marchandises sur Paris; il aura même cette faculté, cette ressource précieuse de tirer sur une maison de banque de Paris qui, après s'être assurée de l'arrivée de la marchandise dans l'établissement municipal, pourra payer au moins les deux tiers des cuirs expédiés.

Ces navires étrangers important en France les articles de peausserie s'en retourneront chargés de marchandises françaises.

Voilà comment, messieurs les conseillers, en donnant au commerce d'importation toute la garantie de sécurité par le seul fait de l'introduction dans l'entrepôt du régime municipal, on favorisera notre commerce en donnant de l'extension à l'industrie peaussière.

L'un des plus grands magistrats de la ville de Paris interprétait ainsi les devoirs de l'édilité parisienne :

« Nous devons faire, disait François Myron, prévôt des marchands sous Henri IV, le plus de bien possible au pauvre et menu peuple, non dans le but de donner la picorée à notre amour propre, mais dans cette bonne et sainte intention d'augmenter, si faire se peut, l'affection que le peuple porte à son souverain, afin que la reconnaissance publique, s'élevant jusqu'au trône, rende la tâche du roi plus facile et conséquemment plus heureuse. »

Cette maxime de François Myron trouve en tout temps une heureuse et sainte application.

En votant contre cent mille habitants pour sauvegarder la position usurpée de vingt banquiers-commissionnaires existant au mépris de la loi, ce serait se montrer contraire aux sages prescriptions formulées avec tant de bonheur par un de vos plus illustres devanciers.

Résumons en peu de mots, messieurs les conseillers, les grandes raisons qui militent en faveur du déplacement de la halle aux cuirs, et de sa reconstruction au centre de la tannerie.

Le recensement de 1852 constate l'existence, dans le xii⁰ arrondissement, de 252 établissements de tannerie, occupant 4,019 ouvriers, et faisant vivre 16,000 personnes environ.

Le chiffre des affaires s'est élevé, l'année dernière, à 31,982,325 f. Il y a là un principe d'activité commerciale auquel la halle que nous demandons ne tarderait pas à donner un développement immense. Enfin la superficie de cet arrondissement est de 4,230,000 mètres, et plus de la moitié de ces terrains, 2,654,000 mètres, est, pour ainsi dire, sans valeur et sans emploi. En fondant au milieu de ces espaces vagues un établissement aussi important, la solitude cesse, les terrains s'utilisent, les maisons se construisent, la halle apporte la vie et le mouvement; une population de bohèmes est transformée en artisans laborieux et utiles, l'aisance renaît dans ces quartiers abandonnés depuis si longtemps, et le gouvernement de l'Empereur s'est attaché plus fortement encore, par la reconnaissance, l'affection de cent mille habitants.

Tolérer, au contraire, l'existence factice de la halle actuelle dans le v$_e$ arrondissement, dans une rue qui n'a pas dix mètres de largeur, c'est non-seulement laisser improductif un capital estimé par la ville à 500,000 francs, mais encore c'est un démenti donné au système que vous poursuivez depuis un demi-siècle, système qui consiste à débarrasser le centre de Paris des établissements nuisibles ou incommodes qui le gênent, afin que la circulation partant de ce centre régénéré, affranchi, puisse rayonner partout dans la ville.

Les améliorations du centre ont coûté, depuis l'année 1800 jusqu'à ce jour, une somme de 67,832,917 francs. Certes, jamais argent n'a reçu une destination plus saintement utile. Toutefois, ces améliorations n'en ont pas moins chassé la classe ouvrière des quartiers qu'elle occupait depuis un temps immémorial.

Elle se porte aujourd'hui vers les quartiers excentriques. L'administration doit suivre avec intérêt cette émigration, et saisir avec empressement toutes les occasions de créer, dans chacun de ces quartiers, un de ces établissements qui raniment et fécondent une industrie en rapport avec les besoins et les habitudes de sa population. Et quel arrondissement peut être préféré au XIIe pour l'érection d'une halle aux cuirs? C'est précisément dans ces quartiers que l'industrie de la peausserie s'est acclimatée depuis deux siècles et demi.

Terminons en faisant valoir une dernière et importante considération. Dans notre pensée, pour que la décision que vous allez prendre laisse une empreinte, il la faut complète et digne, en tous points, de la première administration municipale du pays.

Si vous autorisez de vos votes l'édification d'une halle aux cuirs dans le XIIe arrondissement, si vous voulez qu'elle vive, qu'elle prospère, qu'elle amène la régénération de nos quartiers pauvres, fermez l'ancienne. Gardez-vous d'élever drapeau contre drapeau : l'argent qui a fait planter l'ancien déchirerait le nouveau. Comme magistrats, vous donnerez l'exemple du respect de la loi, en faisant que le décret de 1808 reçoive sa plus juste comme sa meilleure application.

Louis Lazarre.

PROJET DU BOULEVART SAINT-MARCEL

DEVANT SERVIR DE PROLONGEMENT AU BOULEVART DU MONTPARNASSE ET DE RACCORD AVEC LE BOULEVART DE L'HOPITAL.

Dans le but de poursuivre la réalisation de ce magnifique projet, une commission de propriétaires et habitants du xiie arrondissement, composée de M. E. Dubarle, juge d'instruction, à Paris; Labrouste, directeur de Sainte-Barbe; Lacordaire, directeur des Gobelins; Jean Salleron, tanneur; Berger, ancien syndic de la boulangerie; colonel Million; Devilliers, inspecteur général des ponts-et-chaussées; docteur Faultrier, Legrand, Duménil, etc., etc., en fit dresser les plans sur une grande échelle, les soumit à M. le préfet de la Seine, et après lui avoir donné verbalement tous les renseignements propres à lui faire apprécier l'importance de cette grande voie de communication, le président de la commission, M. Dubarle, lui remit une note qui en résume tous les avantages, et qui était ainsi conçue :

MONSIEUR LE PRÉFET,

Des rues, des boulevarts, des quartiers nouveaux s'ouvrent sur la rive droite de la Seine; chaque jour, on sent plus vivement le besoin de communications larges et faciles, et l'immense impulsion donnée aux travaux publics régénère Paris et sera la gloire du chef de l'État.

La rive gauche n'a pas encore participé à ce mouvement qui doit aussi la régénérer. Là, cependant, se trouvent des voies publiques étroites, populeuses, pauvres, auxquelles il importe de porter le mouvement, l'air et la vie.

Là, se trouvent de vastes terrains qu'il importe d'utiliser et de féconder.

Le projet de prolongement du boulevart du Montparnasse jusqu'au boulevart de l'Hôpital satisferait au double besoin que nous venons d'indiquer : utile aux arrondissements de la rive gauche, il serait en même temps, pour Paris tout entier, le complément indispensable de cette magnifique voie intérieure qu'on appelle les boulevarts.

Continué de la place de l'Observatoire au boulevart de l'Hôpital où il viendrait aboutir en face l'embarcadère du chemin d'Orléans, le boulevart dont nous demandons l'ouverture, et que les sympathies locales ont déjà nommé *boulevart Saint-Marcel*, établirait entre les deux rives de la Seine, en aval et en amont, du pont d'Austerlitz aux Invalides, une magnifique voie, indispensable au point de vue de la circulation et de l'industrie, comme au point de vue stratégique.

Sur son parcours cette voie rencontrerait, isolerait ou desservirait d'importants établissements publics auxquels on n'arrive aujourd'hui qu'avec une grande difficulté :

      L'hospice de la Maternité,
      L'hôpital militaire du Val-de-Grâce,
      L'hôpital du Midi,
      La caserne de la rue de Lourcine,
      La manufacture impériale des Gobelins,
      La Boulangerie générale des hôpitaux,
      Le Jardin-des-Plantes,
      Et le Marché-aux-Chevaux.

Elle traverserait la vallée de la Bièvre, centre industriel important où se trouve groupé aujourd'hui tout ce qui se rattache à l'industrie des cuirs, et où devra s'élever bientôt la halle aux cuirs, que les généreuses sympathies du Prince-Président de la République font espérer à ce quartier.

Par ce boulevart, l'École militaire et les Invalides sont reliés avec Vincennes sans qu'aucun obstacle puisse jamais s'opposer à cette communication.

Véritable chemin de ceinture intérieur, ce boulevart comblera enfin la déplorable lacune que la loi du 23 décembre 1851, sur le chemin de ceinture des chemins de fer, a laissé subsister au détriment de la rive gauche, car il unira entre elles les gares de l'Ouest et d'Orléans.

Telles sont les considérations multiples qui militent en faveur du projet que nous avons l'honneur de présenter.

Il suffit de jeter les yeux sur le plan pour se convaincre que ce projet satisfait à la fois tous les intérêts : — ceux de la ville de Paris dont il complète les boulevarts ; — ceux de l'État auquel il assure une ligne stratégique importante et dont il dessert les établissements ; — ceux de l'industrie et du commerce, car il fait communiquer entre eux nos chemins de fer et d'importantes usines ; — ceux enfin des quartiers pauvres dans lesquels il porte la vie, et auxquels il assure de précieux débouchés.

Aucun obstacle ne s'oppose à son exécution.

D'une part, ce sont de vastes terrains ; d'autre part, des pentes qu'il est facile de franchir, car elles ne dépassent pas 0,27 millimètres.

La longueur de ce boulevart ne sera pas moindre de deux kilomètres, et son exécution n'exigera pas une somme supérieure à 4,000,000.

Cette dépense, mise en regard des bienfaits produits par ce percement, de la grandeur et de la magnificence de la voie qu'il s'agit d'ouvrir, ne peut donc être un obstacle à son exécution (*Revue municipale* du 16 décembre 1852, p. 915).

CARNET DE M. PRAUD. — EXTRAIT DES ANNALES D'HYGIÈNE. — RAPPORT DE LA COMMISSION DES LOGEMENTS INSALUBRES.

Pour apprécier l'étendue des services que l'ouverture de la rue des Écoles a rendus au xiie arrondissement, en faisant disparaître les plus mauvais quartiers, et en préparant la restauration prochaine de ceux qu'elle n'a pas atteints, il faut que l'on connaisse bien les horribles misères, les souffrances sans nom, qu'entraînait pour les populations pauvres l'habitation de ces ruelles immondes qu'un système complet de voies de communication emportera demain.

Les descriptions qu'on va lire répugnent et soulèvent le cœur; mais on ira sans doute jusqu'au bout, si l'on songe que les hommes qui les ont faites ont dû avoir assez de dévoûment pour voir de leurs yeux des choses dont la lecture est si pénible.

CARNET DE M. PRAUD.

M. Praud, membre du conseil d'hygiène publique et de salubrité du xiie arrondissement, visitant les ignobles masures de la rue Traversine, notait sur son carnet les observations suivantes que nous reproduisons en respectant leur improvisation qui porte l'empreinte de la vérité.

Maison n° 5, M. Cochois, propriétaire; M. Corvée, principal locataire, marchand d'eau de javelle.

Maison de trois étages avec mansardes, entrée par une allée étroite, sombre et humide, — hideuse masure dans un délabrement complet, — louée partie à des ouvriers, partie à des chiffonniers; manque d'eau, saleté repoussante!

N° 25, *M. Madeleine, propriétaire; maison louée en garni*, — refus de laisser visiter l'immeuble.

N° 31, *M. Léger, propriétaire; M. Vilminot, principal locataire.*

Maison à trois étages avec mansardes; entrée par une allée dont les caniveaux en pierre servant à la conduite des eaux ménagères dans la rue devraient être remplacés au plus tôt. — Louée en partie à des chiffonniers! — manque d'eau! — absence complète de propreté! grande cour envahie par des chiffons. — Au fond de la cour, bâtiment de quatre étages; rez-de-chaussée servant de dépôt de chiffons, d'os et de vieux papiers; — les étages supérieurs sont habités par des chiffonniers. — Ce bâtiment est d'une saleté qui soulève le cœur; les murs suintent d'humidité; les carrelages n'ont plus de forme, ni de couleur; les plafonds sont à solives; les murs dégradés sont sans papier et maculés de taches de boue.

On jette les matières fécales dans les plombs qui versent leur contenu dans la cour, dont le ruisseau aurait besoin d'être refait pour conduire ces immondices dans la rue!...

Maison n° 43, madame Bulieu, propriétaire; M. Durand, logeur, principal locataire.

Maison de trois étages avec mansardes, — entrée par la boutique du logeur — louée en partie par des chiffonniers; — manque d'eau. — Au troisième étage se trouve un cabinet d'aisances, sans porte, ce qui fait que le mauvais air se répand dans la maison, et pour augmenter cet inconvénient, ces lieux d'aisances se trouvent dans un état de saleté qui les rend inabordables!

Maison n° 47, M. Truelle, propriétaire. Quatre étages avec mansardes; — entrée par une allée, absence d'eau; — est habitée par des chiffonniers; affreusement mal tenue. — Le rez-de-chaussée, qui a vue sur une petite cour, est occupé par une chiffonnière marchande en gros. Un horrible grabat sert également de niche à deux chiens dont les ordures, se mêlant à l'odeur nauséabonde des vieux chiffons, empestent l'air qui vous serre la gorge et donne des nausées. — Cette maison seule pourrait empoisonner tout le quartier et propager le choléra! Aux premier et deuxième étages, *dans l'escalier même*, se trouvent des fosses d'aisances *sans porte*, et une locataire, qui habite cette maison depuis huit années, m'a dit que ces fosses avaient toujours été dans le même état. C'est avec intention que je souligne ces mots : *dans l'escalier même*, car, bien que les lieux d'aisances n'aient pas de porte dans d'autres localités, cette maison n° 47 a cet inconvénient de plus, que ceux qui se rendent aux lieux font leurs besoins à la vue de ceux qui montent ou qui descendent !...

EXTRAIT DES ANNALES D'HYGIÈNE.

Les *Annales d'hygiène publique et de médecine légale* (année 1854) contiennent la description suivante de la maison n° 25 de la rue Traversine, dont l'entrée avait été refusée à M. Praud.

« On loge ici en garni, dit le rédacteur. Il y avait à la maison une porte d'allée qu'on a condamnée. Il faut sortir par la boutique. Le maître du garni, celui qu'on appelle le *bourgeois*, veut voir passer devant lui ceux qui sortent. C'est une idée qu'il a dans l'intérêt de ses meubles. D'ailleurs, en entrant et en sortant par la boutique, on passe devant le comptoir d'étain. En entrant, on s'y arrête, et aussi en sortant. Cela convient aux locataires, et ça ne déplaît pas au bourgeois. Une arrière-boutique, réduit obscur, garni de tables et de bancs, offre au consommateur la facilité des conversations intimes et des longues séances. Mais nous profitons d'une porte de côté, et nous voilà dans cette allée dont l'issue est fermée sur la rue.

« Il faut se bien représenter la disposition des lieux. La maison se compose de deux corps de bâtiment : l'un sur la rue, dans lequel nous venons d'entrer; l'autre, séparé du premier par une petite cour, est adossé au mur de l'École polytechnique.

« La boutique et l'allée font toute la largeur de la propriété, c'est-à-dire la largeur de la façade sur la rue, et celle aussi du second corps de bâtiment (5 mètres). L'allée, qui est dans la profondeur du premier corps de bâtiment, longe la boutique et l'arrière-boutique; elle a 8 mètres. C'est donc pour ce premier corps de bâtiment 40 mètres superficiels.

« L'emploi qu'on a fait de cette superficie étant le même aux cinq étages, il suffit d'étudier la disposition de l'un d'eux.

« Il y a d'abord sur la rue deux chambres, dont une avec cheminée, toutes deux avec fenêtre. Ni l'une ni l'autre ne manquent d'air ni de lumière. Ensuite, sur la cour, il y a un cabinet étroit de 1^m 70 de large sur 4^m 30 de profondeur, ce qui offre peu d'espace au-delà de la place du lit. On y couche pour cinq sous quand on est seul, huit sous pour deux. Maintenant, entre les deux chambres qui ont leurs fenêtres sur la rue, et ce cabinet qui donne sur la cour, il y a un second cabinet de même dimension que le premier. Celui-ci est sans fenêtre. Il y a un lit et une chaise, mais il n'y a ni air ni jour. C'est ici quatre sous par nuit, et il n'y manque pas de locataires. Nous trouvons sur nos notes : Au troisième étage, cabinet noir, un homme ; au quatrième, cabinet noir, un ancien militaire avec son fils âgé de dix ans.

« Telle est la composition des cinq étages du premier corps de bâtiment, à quoi il faut ajouter, aussi par chaque étage, un troisième cabinet dont l'emplacement est pris sur les paliers de l'escalier. Ce troisième cabinet a un peu de jour sur la cour, mais ses dimensions sont étroites : 1^m 90 sur 1^m. Il n'y a pas de place pour une chaise ni même pour un bois de lit ; il n'y a que la stricte place d'une paillasse, et, en effet, c'est tout le mobilier de la pièce. — On y couche pour trois sous.

« La cour a 3 mètres sur 5. C'est comme un puits étroit, une fosse humide, entre les quatre et cinq étages des deux corps de bâtiment et les murs des maisons voisines. La nuit, dans cette sorte de fosse commune, les habitants des étages supérieurs, pour s'épargner la peine de descendre à un endroit plus particulier, versent par les plombs, par les fenêtres, tout ce qui pourrait les embarrasser. Trois visites faites depuis trois mois, avant midi, nous ont donné lieu de constater la régularité de cette habitude, attestée d'ailleurs par les traces dont les murs sont couverts de toutes parts.

« C'est donc de cette cour uniquement que le second corps de bâtiment, celui qui est adossé dans toute sa hauteur au mur de l'École polytechnique, tire l'air et la lumière qu'il peut avoir.

« Il y a d'abord au rez-de-chaussée une salle basse de 5 mètres de largeur sur 6 de profondeur, et, comme les constructions de l'escalier, qui est commun aux deux corps de bâtiment, prennent 2 mètres sur la cour, c'est dans les trois mètres restants que sont pratiquées la fenêtre et la porte. Ce détail est utile pour qu'on se fasse une idée de la manière dont cette salle peut être éclairée et aérée. Quoi qu'il en soit, dans notre première visite, nous avons trouvé là neuf lits. C'est ici un asile de nuit, c'est le sombre refuge où chaque soir, dans les ténèbres, se rencontrent fortuitement quelques malheureux sans ressources et sans nom. On donne deux sous, et on paie en entrant. — Le lendemain, à dix heures, on a son congé.

« Montons maintenant aux étages supérieurs, pour y voir l'emploi de cette superficie de 30 mètres, qui forme au rez-de-chaussée la chambrée.

« Les 6 mètres de profondeur sont partagés en deux par un couloir obscur, qui fait équerre avec la continuation du palier de l'escalier. Du côté de la cour, il y a deux cabinets de 2 mètres de large sur 3 de profondeur. Ce sont des logements de chiffonniers, à cinq sous. Là, entre son grabat et la fenêtre, un malheureux, couvert de haillons, est accroupi faisant le triage des ordures de la rue. Il les lotit par nature de matières; surtout il sépare avec soin ces linges toujours sales, quelquefois imprégnés d'une sanie horrible, qu'il ne pourra faire accepter de l'entrepreneur en chiffons qu'après les avoir grossièrement lavés, surtout après les avoir bien fait exactement sécher dans sa triste demeure. Mais alors ça se vend deux sous la livre! Ce serait le plus précieux de son butin, si ce n'est qu'il a rapporté dans sa hotte des croûtes de pain souillé, des têtes de poisson, et quelques affreux mélanges d'os et de chairs meurtries. Nous ne craignons pas qu'on nous reproche de remuer ici toutes ces horreurs, puisque voilà des êtres humains qui s'en nourrissent.

« Nous n'avons pas fini. Il faut descendre encore plus bas pour être au fond de ces abîmes.

« Au-delà des deux chambres de chiffonniers, de l'autre côté du couloir obscur, au fond de cette maison enfin qui est adossée à un mur, que peut-il y avoir? Il y a des logements garnis, puisque c'est ici une maison garnie.

« Comptons bien! La salle du rez-de-chaussée avait 6 mètres de profondeur. A chaque étage, les chambres de chiffonniers sur la cour en ont 3; il y a environ un mètre de couloir; reste un peu plus de 2 mètres de profondeur sur 5 de large. Ce n'était pas là de la place à perdre! On y a fait deux cabinets, un cabinet à deux lits et un autre à un seul lit.

« Les cabinets noirs du premier corps de bâtiment sont, au regard de ceux-ci, des logements confortables; ils n'ont pas d'air ni de lumière, mais au moins leur porte s'ouvre sur un corridor qui est éclairé et dans lequel l'air, tant bien que mal, circule de la rue à la cour. De plus, ces premiers cabinets noirs sont formés de simples cloisons non humides; ils ne sont pas, comme ceux-ci, entourés de murs épais.

« Dans notre première visite, arrivés en plein jour dans le couloir obscur, ne pouvant pas imaginer qu'il y eût rien au-delà, c'est avec un véritable sentiment d'horreur qu'une porte ayant été ouverte, nous entendîmes du fond des ténèbres sortir une voix humaine! C'était une femme âgée, récemment sortie de l'hôpital, pas assez remise pour pouvoir travailler. Elle était là en convalescence! Comme elle était couchée, nous avons pu l'entendre, mais non la voir. Une autre fois, nous l'avons trouvée vaquant dans la maison à ses affaires. Elle avait les yeux gonflés et rouges. Elle nous a confié la plus grande de ses peines : c'est que le pauvre bout de chandelle qu'elle a dans sa chambre y attire un énorme rat : « Elle en a peur! elle ne peut plus dormir! Sentant cette bête « monter sur son lit, elle se réveille à chaque instant pour faire : « *Chu! chu!* » Ce sont ses propres paroles. Elle nous disait ces choses en pleurant, car le reste de sa vie est une misère; mais c'est là son supplice.

« Lors de notre dernière visite, cette malheureuse était retournée à l'hôpital; mais son cabinet n'était pas vide. Il n'y a pas ici de non-valeur! En ce moment surtout, les logements sont, dans cette maison comme dans tout le reste de Paris, fort recherchés.

Aussi, pour l'unique lit de la malade, nous avons trouvé deux pauvres femmes payant ensemble cinq sous par jour; et nous nous sommes assurés que les huit cabinets noirs des quatre étages du second bâtiment, ensemble douze lits, sont tous occupés.

« Il ne faut pas croire que cette maison soit dans la rue une exception. Nous l'avons choisie pour servir d'exemple, parce qu'elle est petite, et par conséquent d'une description facile. Mais la plupart des numéros impairs de la rue, quelques-uns des numéros pairs, plusieurs maisons de la rue du Clos-Bruneau, et en particulier, dans cette rue, le n° 5, plusieurs aussi dans les ruelles qui vont de la rue Traversine à la rue Saint-Victor, nous auraient offert des tableaux semblables.

« Devant de tels faits, le projet de la rue des Écoles, qui, pris dans son ensemble, c'est-à-dire de la rue de Laharpe à la grille du Muséum, satisfait à des convenances très dignes de considération, se trouve, au point de vue de l'hygiène, suffisamment motivé dans la partie de son tracé comprise entre la rue Saint-Jacques et la rue des Fossés-Saint-Victor. Il y a ici plus que l'intérêt du commerce et de la propriété, plus que l'intérêt de l'art et de la science, il y a une question d'humanité sur laquelle tout le monde tombera d'accord. L'épaisseur d'une pierre sépare l'École polytechnique des antres affreux de la rue Traversine! De pareils contrastes ne pourraient subsister plus longtemps qu'à la honte de la civilisation. — Il importe à l'honneur de la ville de les faire disparaître. . . . . »

COMMISSION DES LOGEMENTS INSALUBRES.

Rapport général des travaux de la commission pendant l'année 1851.

. . . .

Ainsi que la commission l'a déjà dit dans le cours de ce rapport, les causes d'insalubrité qui ont appelé leur intervention appartiennent indistinctement à tous les quartiers, à tous les arrondissements, mais cependant plus particulièrement aux quartiers occupés par la classe ouvrière.

Dans le XIIe arrondissement, surtout dans les quartiers Saint-Jacques, du Jardin-des-Plantes, Saint-Marcel, *on rencontre une foule de rues* où les rayons du soleil, interceptés par de hautes maisons, par les sinuosités du sol, pénètrent à peine. D'un autre côté, les rues bâties sur une pente très rapide (telles sont celles de la montagne Sainte-Geneviève) reçoivent toutes les infiltrations des terres dominantes; l'humidité y est constante, elle ne disparaît que dans les jours les plus chauds de l'été. Ce quartier est resté, à peu de chose près, ce qu'il était au moyen-âge.

Ce fâcheux état s'aggrave encore par l'incurie des habitants qui, loin de corriger par des soins et par la propreté les inconvénients de l'habitation, semblent prendre à plaisir de les exagérer par leur inintelligence des vrais principes de l'hygiène et de la salubrité. Presque tous les métiers infimes s'y sont donné rendez-vous; le bas prix des loyers, les nombreux magasins de chiffonniers en gros qui y existent, y ont attiré la majeure partie des chiffonniers de Paris qui, par la nature même de leur profession, ont contracté des habitudes de malpropreté auxquelles se joignent trop souvent des habitudes d'intempérance.

Si l'on parcourt les garnis, on trouve des tableaux non moins déplorables; c'est là que vivent habituellement, entassés dans des bouges infects, ces hommes qui n'ont d'ouvriers que le nom et dont l'existence est un problème.

« C'est dans quelques-unes de ces maisons, quand on a le cou-
« rage d'y pénétrer, qu'on se trouve tout-à-coup transporté au
« milieu de chambres obscures dont les murs sont noircis par le
« temps. A peine l'air se renouvelle-t-il dans ces sombres réduits
« où de sales carreaux laissent pénétrer quelque peu d'un jour
« sombre, qui se glisse à travers des murs élevés d'une cour étroite,
« espèce de puits infect, où viennent se dégorger les tuyaux de
« décharge des toits et des eaux ménagères, et dont les cuvettes,
« souvent encombrées d'ordures de toute espèce et même du reflux
« des latrines, les versent sur les escaliers pourris des différents
« étages, d'où ils vont, en s'écoulant jusque dans les chambres,
« abreuver, en l'infectant, leur sol dépouillé de carreaux.

« Là, les habitants sont en rapport avec la demeure. La plu-
« part s'occupent à trier, pendant le jour, le produit de leurs rondes
« nocturnes, accroupis autour de ce sale butin ; ils entassent dans
« tous les coins, et jusque sous leurs couchettes, de vieux linges
« souillés de fange, dont les miasmes fétides se répandent au mi-
« lieu de ces hideux galetas, où souvent un espace de moins de
« deux mètres carrés sert d'abri à toute une famille. » (Compte-
rendu de la marche du choléra à Paris, en 1832.)

Et, ce qu'il est triste de constater, c'est l'espèce d'orgueil que
ces malheureux mettent dans leur abjection : ils semblent heureux
de la vie qu'ils se sont faite en dehors de toutes les lois de la société ; on les mettrait dans un palais qu'ils en feraient bientôt un
repaire aussi affreux, aussi pestilentiel que celui où ils sont nés,
et où ils veulent mourir ; aucun raisonnement ne peut les convaincre, aucun conseil ne peut les toucher. Le temps et de bonnes
institutions pourront seuls corriger ces natures viciées dès le berceau, si on les prend surtout au bas âge, si l'on s'occupe sérieusement des enfants qui, élevés dans cette atmosphère de corruption et d'abrutissement, transmettront fatalement aux générations
qui doivent les suivre tous les germes de dépravation, de maladies
et de dépérissement qu'ils ont eux-mêmes reçus des générations
qui les ont précédés.

Mais, la commission doit se hâter de le dire, ces mœurs sont
exceptionnelles, de même que les habitations dont elle vient de
tracer le triste tableau.

Malheureusement, si l'effet de ses investigations doit être de rendre la condition des habitants pauvres du xiiᵉ arrondissement moins déplorable, ces résultats ne changeront rien à la disposition générale des rues, ne feront pas que l'air et le soleil puissent pénétrer abondamment dans ces rues étroites et tortueuses. *C'est seulement par de grands travaux qu'on pourra changer un état de choses auquel* LES AMÉLIORATIONS PARTIELLES N'APPORTERONT QU'UN REMÈDE INSUFFISANT.

RÉCLAMATIONS UNANIMES DE LA POPULATION.

Le déplorable abandon dans lequel toutes les voies publiques du xiie arrondissement étaient laissées par l'administration a soulevé, depuis quelques années surtout, de nombreuses et vives réclamations de la part de la population.

Les habitants de la rue de Laharpe demandaient son élargissement; ceux de la rue Copeau, qui n'avaient pas une borne-fontaine, protestaient contre une aussi injuste négligence; ceux de la place Maubert demandaient un changement de nom et l'amélioration de son débouché sur le quai; ceux de la rue des Postes demandaient des trottoirs dont l'absence rend les abords du collége Rollin si dangereux pour les élèves.

La création d'une place au carrefour des rues Copeau et Mouffetard, le prolongement de la rue Clovis jusqu'au Jardin-des-Plantes, le dégagement des abords des églises Saint-Médard et Saint-Nicolas-du-Chardonnet, le prolongement de la rue de Vaugirard jusqu'à la Sorbonne, et celui de la rue Pascal jusqu'aux boulevarts, l'élargissement de la rue Saint-Jacques et de la rue Censier, l'agrandissement du Jardin-des-Plantes, l'amélioration du Marché aux chevaux, la création de marchés de quartier, et notamment aux champs des Capucins, ont été à diverses reprises l'objet de pétitions et de réclamations auprès de l'administration.

Si le délaissement était complet, les protestations étaient unanimes, et lorsque la commission centrale eut pris l'initiative du projet de la rue des Ecoles, lorsque la perspective de voir attaquer dans leur centre les misères de l'arrondissement fut ouverte à la population, tous les efforts se concentrèrent sur la réalisation de cette utile et magnifique entreprise. Tous les hommes dont le concours pouvait en avance le succès voulurent prouver de leur sollicitude pour les besoins de l'arrondissement, et attacher leur nom à la transformation des vieux quartiers, sur laquelle l'ouverture de la rue des Ecoles devait avoir une influence radicale.

Presser les travaux de la rue des Ecoles, c'était avancer l'heure de l'amélioration de la misérable existence des classes les plus pauvres, c'était prendre sa part à une bonne action. Aussi, tous les noms influents de l'arrondissement ajoutaient leurs efforts à ceux des commissaires.

MM.

Le général Bonnet, gouverneur de l'Ecole polytechnique;

Le général Poncelet, membre de l'Institut ;

Le général Jorry ;

De Wailly, proviseur du lycée Napoléon ;

Pellat, doyen de la Faculté de droit ;

Duméril, directeur du Muséum ;

Defaucompret, directeur du collége Rollin ;

Baron Séguier, ancien conseiller municipal de Paris, sollicitaient par des réclamations directes les décisions du conseil municipal.

MM.

Leroy de Saint-Arnaud, conseiller d'Etat, maire du xiie arrondissement ;

Marc Jodot, ingénieur à l'Ecole polytechnique, déposaient leurs adhésions spéciales à ces réclamations.

MM.

Leverrier, sénateur, membre de l'Institut;

Decaisne, membre de l'Institut;
V. Mauvais, membre de l'Institut;
Binet, membre de l'Institut;
Brongniart, professeur au Muséum;
Valencienne, professeur au Muséum;
Labrouste, architecte du gouvernement;
Jules Delalain, imprimeur-éditeur;
Beau, médecin de l'hospice Cochin;
Charrière, fabricant d'instruments de chirurgie;
L'abbé Faudet, curé de Saint-Etienne-du-Mont;
Vincent, directeur de la Pitié, approuvaient et signaient.

Et les signatures ou lettres particulières de plus de trois mille propriétaires, négociants, industriels et étudiants donnaient le plus éclatant témoignage de l'importance qu'attachait la population tout entière à la transformation de l'arrondissement.

Mais ces voix généreuses qui réclamaient justice ont été entendues, la rue des Ecoles est ouverte, l'heure de la réparation a sonné pour le XIIe arrondissement, et la réparation sera aussi complète que la négligence l'avait été jusqu'à nos jours; car l'Empereur a dit: *Nos quartiers pauvres du* XIIe *arrondissement ont toutes mes sympathies.*

CHAPITRE IV.

Il ne faut pas que les uns restent plus longtemps étouffés dans la fange de leurs ruelles, tandis que les autres se promènent sur de belles et bonnes dalles : ceci serait déshonorant pour la prévôté.

ROBERT MYRON,
Prévôt des marchands.

Il ne faut pas de demi-mesures, il faut couper par le milieu ces ruelles inabordables. . . . . .
. . . .
Il faut mettre ces tristes quartiers en communication avec le reste du monde.

M. DE QUATREFAGES,
Membre de l'Institut.

(Rapport fait à l'assemblée générale des propriétaires du XIIe arrondissement.)

C'est seulement par de grands travaux qu'on pourra changer un état de choses auquel les améliorations partielles n'apporteraient qu'un remède insuffisant.

COMMISSION DES LOGEMENTS INSALUBRES.

(Rapport général des travaux de la commission pendant l'année 1851.

CHAPITRE IV.

LE XIIe ARRONDISSEMENT.

TRANSFORMATION.

La transformation du vieux Paris est arrêtée par le xiie. — L'émigration dans la banlieue en est la conséquence. — Exigences auxquelles doit répondre la transformation du xiie. — Les ressources que la ville pouvait y appliquer ne permettaient pas de l'entreprendre. — Superficie du xiie. — Densité de la population dans les divers arrondissements. — Topographie du xiie. — Le chiffre de ses affaires. — Pauvreté industrielle. — Richesse scientifique. — Division en quatre zônes. — Etat, besoins et avenir des zônes. — Le nouveau quartier Saint-Victor. — Le quartier Rollin. — La ville des jardins. — Esquisse des rues nouvelles. — Circulation de l'est à l'ouest. — Circulation du nord au sud. — Les îles et les ponts. — Circulation locale. — Les squares. — Abords des églises. — La population, l'industrie, le commerce, la santé, s'installent dans le xiie. — Etablissements qui pourraient compléter la transformation : l'Entrepôt, la Halle aux cuirs, le Marché aux chevaux, agrandissement du Jardin-des-Plantes, les marchés de quartier, logements ouvriers. — Dans le xiie transformé, les profits s'élèvent, les dépenses diminuent, le compte général des ressources et des dépenses se solde en bénéfice, le bien-être s'accroît. — Augmentation de la valeur de la propriété. — Le xiie fait partie de la nouvelle ville.

Nous avons vu le Paris de la rive droite, la ville de l'industrie et du commerce, envahir peu à peu tous les terrains voisins, les couvrir de ses constructions privées, de ses monuments publics, de ses ateliers qui se pressaient les uns contre les autres, qui s'étageaient et montaient l'un sur l'autre quand l'espace manquait ; puis autour de ces ruches où se façonnent, où s'échangent ces milliers de produits de tout genre que crée l'industrie, la population se disputait l'espace resté libre. Les faubourgs s'allongeaient. Pour s'emparer des terres disponibles de l'autre côté de la rivière, on passait par dessus, on multipliait les ponts, et les terrains reliés à l'autre rive et rapprochés du centre des affaires se couvraient bientôt de constructions.

Des siècles se passèrent, pendant lesquels la ville s'étendit ainsi sur la campagne, dressant des constructions nouvelles, juxtaposant des rues et des quartiers nouveaux à côté des anciens, grandissant sans souci, et sans autre pensée que celle de répondre au besoin naturel qu'elle avait de grandir.

Il se fit ainsi un prodigieux amas de constructions de toutes les époques, de quartiers conservant chacun la physionomie des temps où il fut édifié, et différant les uns des autres comme différaient les habitudes et les occupations des classes de la population pour les besoins desquelles on les créa d'abord. Toutes ces constructions, dont les unes datent du moyen-âge, dont les autres ont été finies hier, c'est, sous certains rapports, comme une immense garde-robe où seraient conservés côte à côte les costumes de tous les temps et de toutes les classes des diverses générations qui nous ont précédé, et où chacun devrait trouver un vêtement non pas à sa taille et à sa convenance, mais un vêtement tel que ses ressources lui permettraient d'en choisir un. Pour le riche, il y aurait des manteaux, mais le pauvre devrait se contenter d'y prendre quelque méchant haillon.

Aussi, depuis longtemps déjà, le vieux Paris que nous avaient légué ses habitants de toutes les époques était loin de répondre aux besoins des générations nouvelles. Bon nombre de maisons n'étaient plus que de mauvais abris incommodes et malsains, et la circulation devenait de jour en jour plus impossible dans le dédale de rues, de ruelles et d'impasses dont les dimensions et l'agencement n'avaient été le plus souvent déterminés que par le hasard ou le caprice. Les prévisions, dans les cas où la pensée des besoins généraux de la circulation avait eu part à la création de quartiers moins anciens, se trouvaient tellement dépassées, que Paris devait subir une transformation, sous peine de devenir absolument inhabitable.

Cette transformation, l'Empereur l'entreprit. Les quais furent construits, de nouveaux ponts relièrent les deux rives et rapprochèrent les intérêts des deux populations. Des rues furent ouvertes, des établissements d'utilité publique, des gares, des entrepôts, des marchés furent mis à la disposition de la population. Malgré la guerre, malgré tous les besoins du temps, les améliorations, menées avec cette vigueur qui caractérisait l'Empire, marchèrent à grands pas, et les progrès réalisés furent immenses. Le Paris du XIXe siècle s'installa au travers du Paris d'autrefois, et la prise de possession fut si complète, qu'à partir de ce temps la vieille ville a dû de jour en jour céder des espaces plus grands à la ville nouvelle.

Sous l'administration de M. le comte de Chabrol, et surtout sous celle de M. le comte de Rambuteau, l'œuvre de la régénération des vieux quartiers fut continuée avec persévérance, et il y a loin du Paris de nos jours au Paris de l'an 1811. A cette époque, l'Empire avait déjà fait d'immenses travaux ; pourtant, les rues formaient un tel labyrinthe, les difficultés étaient si grandes pour seulement s'y reconnaître et y passer, qu'un élève de la promotion de 1811 à l'École polytechnique en sortit sans avoir pu parvenir à apprendre le chemin de l'école au Palais-Royal.

Sous Henri IV, Paris ne comptait guère que de 300 à 400,000 habitants; aujourd'hui, il y en a plus d'un million. Sous Henri IV, il n'y avait que trois carrosses, celui du roi, celui de la reine, et celui de Bassompierre. En 1851, d'après l'*Annuaire de l'Economie politique,* on comptait dans Paris 27,938 voitures publiques et particulières, qui transportaient chaque jour 200,054 personnes, et 32,321 voitures destinées aux choses, ce qui forme un total de 60,259 voitures en circulation ! D'après M. Dupuit, ingénieur en chef de la ville de Paris, il passait à cette époque, en 24 heures :

Sur le boulevart des Capucines.	. .	9,070 chevaux attelés.
— des Italiens.	. .	10,750
— Poissonnière.	. .	7,720
— Saint-Denis.	. .	9,600
— des Filles-du-Cal.		5,850
Dans la rue du faub. St-Antoine.		4,300
Avenue des Champs-Élysées.	. .	8,900 (1).

Au point de vue de la circulation, l'œuvre de l'Empereur doit donc être reprise avec plus de vigueur que jamais, et les vieux quartiers doivent être refaits; car la population active est forcée de les fuir, et ils sont pour les autres quartiers des obstacles et des causes de ruine. Ils paralysent leurs rapports, entravent leurs affaires; ils leur coûtent, en temps perdu pour les tourner, en affaires manquées par

---

(1) M. Dupuit, *Voiries de Londres et de Paris comparées* (*Annuaire de l'Economie politique* pour 1851, p. 410).

suite de la difficulté des relations, des dépenses énormes.

La transformation du xiie arrondissement, dont la majeure partie des constructions était debout longtemps avant le jour où le premier carrosse circula dans la ville, est donc pour Paris tout entier une nécessité, et cette nécessité résulte, non-seulement des entraves que le dédale de ses ruelles oppose à la circulation générale, mais aussi de l'obstacle qu'elles opposent à ce que la population s'installe sur les immenses terrains que les ponts ont mis à quelques pas du centre de la ville, mais que l'on est, bon gré mal gré, forcé de laisser en culture, faute de pouvoir les aborder.

Dans le xiie, sur près de cinq millions de mètres de surface, les habitations n'en occupent pas seulement deux millions; mais comme elles se trouvent justement dans la zône la plus voisine de la ville, elles ont empêché l'occupation des immenses terrains qu'elles cachaient et rendaient introuvables. Aussi, les habitants, qui, par raison d'économie, étaient forcés de se loger en dehors du cercle des affaires, se sont portés dans la banlieue. Neuilly, Batignolles, Pantin, La Chapelle, Belleville, Montrouge, Grenelle, étaient des lieux où conduisaient des chemins praticables, et ces villages sont devenus, en peu de temps, des villes importantes. Il faut des heures pour aller, des heures pour venir, on perd du temps, on se fatigue; mais on sait où l'on va; tandis que s'engager dans les ruelles humides qui seules rattachaient le xiie à la ville c'était une entreprise devant laquelle on hésitait, comme on hésite en face de l'inconnu.

Transformer les vieux quartiers du xiie arrondissement; relier par de grandes voies de communication ses immenses terrains vagues au centre de la ville, ce n'est donc pas uniquement satisfaire à des besoins locaux; donner de l'air et du soleil à des ouvriers que des habitations humides rendent malades ; fournir aux industries locales des moyens de recevoir à moindres frais leurs matières premières, et d'écouler leurs produits avec plus d'avantages ; ce n'est pas seulement réparer l'injustice qu'il y avait à exiger de la population et de la propriété, dans cet arrondissement, des contributions tout aussi lourdes que celles que payaient les plus riches quartiers ; transformer le XIIe arrondissement, c'est accomplir une œuvre d'utilité publique.

Mais, comme cette transformation doit satisfaire aux besoins de la population locale, à ceux de la circulation générale, à ceux de la population que le prix élevé des loyers fait refluer hors des barrières, on ne saurait analyser avec trop de soin toutes les exigences auxquelles doit répondre une aussi colossale entreprise, avant d'en arrêter les bases, et d'en mesurer la portée.

Ces exigences, la commission et les habitants du XIIe les ont étudiées toutes, et nous n'avons qu'à en tracer ici le résumé sommaire.

La circulation générale est entravée dans tous les sens.

La population industrielle et commerçante est forcée de fuir le XIIe.

La population peu aisée est obligée d'aller chercher des logements dans la banlieue, alors que dans la ville des espaces immenses restent inoccupés.

La propriété du XIIe ne peut atteindre sa valeur véritable, parce qu'elle est isolée de la population industrielle et du mouvement des affaires.

Les établissements industriels, les propriétés qui entourent le XIIe dans toutes les directions, sont entravés dans leurs rapports, perdent de leur valeur, par suite des obstacles que l'état de l'arrondissement oppose à toutes leurs relations.

Les industries locales sont paralysées dans leur essor, faute de voies de communication.

L'isolement de l'arrondissement enlève aux classes ouvrières et pauvres les moyens d'exercer leur travail.

Les habitations malsaines dans lesquelles elles sont forcées de s'entasser les exposent à toutes les misères, et en font la proie de toutes les épidémies.

Les étudiants perdent un temps précieux pour aller aux écoles à travers des ruelles encombrées.

La cherté des loyers rend les études de plus en plus onéreuses aux familles.

Les établissements scientifiques, les musées, les collections, les amphithéâtres sont introuvables pour la population logée hors des quartiers voisins.

Pour satisfaire à des exigences aussi nombreuses et aussi graves, on le voit tout d'abord, les améliorations partielles seraient insuffisantes. La rue des Écoles, tracée sous l'influence d'une profonde sympathie pour les souffrances de la population pauvre entassée dans des quartiers pestilentiels, est certes une amélioration d'une haute portée. Le but que l'on se proposait sera atteint. L'influence de cette voie sur la transformation des quartiers riverains sera des plus heureuses. Les ruelles les plus sales, les logements les plus abjects de l'arrondissement seront remplacés par une voie commode, large et bien aérée. La circulation générale y gagnera. Tout le bien qu'une amélioration partielle pouvait produire sera assurément produit; mais le nombre et l'excellence même des résultats de cette création ne font que rendre plus sensible la nécessité de faire participer tous les autres points de l'arrondissement à cette régénération qui ferait sa fortune.

La nécessité, du reste, est assez reconnue ; et si l'on n'a pas entrepris davantage, ce n'est pas que personne eût des doutes sur les heureuses conséquences qu'une transformation complète eût produites à tous les points de vue ; mais c'est parce que les demandes à faire à l'administration devaient être basées sur les ressources qu'il lui était possible d'appliquer aux besoins de l'arrondissement.

Tant que l'on n'a songé qu'à faire appel à la caisse municipale, pour opérer dans le XIIe les améliorations qui l'auraient complétement assimilé au reste de la ville et associé à sa fortune, l'élaboration d'un projet comprenant un système complet de voies de communications nouvelles pour l'arrondissement ne pouvait, en effet, être guère autre chose qu'une œuvre de fantaisie, une preuve de la connaissance plus ou moins complète que l'auteur pouvait avoir des besoins de l'arrondissement et de la ville. Ce pouvait être un travail témoignant d'un talent d'ingénieur, d'architecte ou bien d'économiste, un travail de nature à rendre plus sensibles aux propriétaires et habitants de l'arrondissement l'infériorité et l'abandon de leur situation, alors que sur tous les autres points de la cité les éléments de prospérité et de fortune se multipliaient de jour en jour; mais le projet, fût-il admirable de tous points, ne pouvait leur apporter une espérance, et encore moins la certitude d'un changement complet dans leur situation.

Aussi, s'il nous avait fallu demander à la ville tous les moyens d'exécuter cette transformation dont nous nous occupons, l'impossibilité manifeste de puiser dans sa caisse tous les millions qu'il faudra dépenser nous eût tout d'abord arrêté ; et, sans examiner davantage les autres difficultés que notre entreprise aurait à surmonter, nous aurions abandonné notre pensée première comme on laisse un beau rêve, et nous n'aurions pas cherché pendant de longues heures la meilleure direction des rues et des boulevarts nouveaux, qui nous semblent appelés à faire des vieux quartiers et des terrains du xiie, si décriés encore, la partie de la ville la plus saine et la plus recherchée.

Le douzième arrondissement occupe une superficie de 4,923,267 mètres; la superficie totale de la ville étant de 34,025,607 mètres, il en représente donc environ le septième.

Sa population étant, depuis le recensement de 1852, de 95,243 habitants, si l'on classe les arrondissements d'après la densité de leur population, le premier rang étant attribué au viie arrondissement qui a un habitant pour 10 mètres de superficie, le xiie arrondissement n'aura que le onzième rang; on n'y trouve, en effet, qu'un habitant pour 52 mètres de surface. Un seul arrondissement, le viiie, a une population spécifique un peu moindre. Il n'y a qu'un habitant pour 54 mètres. Mais le tableau suivant permettra d'apprécier d'un coup d'œil la densité plus ou moins grande de la population, et montrera quels services pourrait rendre l'amélioration du xiie arrondissement, si voisin des quartiers où la population est le plus condensée.

Arrondissements d'après la densité de leur population.		Superficie de l'arrondissement en mètres.	Population.	Surface par habitant (en nombres ronds).
1	VIIe	722,700	69,735	10 mètres.
2	IVe	525,300	45,890	11
3	VIe	1,447,741	104,540	14
4	IIIe	1,269,457	65,350	19
5	IIe	2,304,072	114,616	20
6	IXe	1,128,479	50,198	21
7	V^e	2,146,053	97,208	22
8	XIe	2,234,211	69,581	32
9	X^e	5,521,168	113,875	49
10	Ier	5,677,127	112,740	50
11	XIIe	4,923,267	95,243	52
12	VIIIe	6,126,032	114,271	54
Total. . .		34,025,607	1,053,262	
Moyenne. . .		2,835,467	87,771	32

Si la densité de la population était, dans le xiie arrondissement, la même que dans le viie, il y aurait 362,622 habitants, ce qui représenterait un accroissement de population de 267,279 habitants. La population nouvelle que la centralisation des affaires générales de la France doit nécessairement appeler à Paris, dont nos lignes ferrées ont fait le rendéz-vous de tous les intérêts, trouvera donc dans le xiie des ressources immenses et d'autant plus précieuses que, si les terrains qu'il renferme ont semblé loin du grand centre de l'industrie et du commerce, c'était à cause de la difficulté d'y aborder, bien plus qu'en raison de leur situation topographique.

Le xiie arrondissement est borné, au nord, par la Seine depuis le Petit-Pont jusqu'au pont de la Gare ; de ce côté il est à quelques pas du Palais-de-Justice, du nouvel hôtel des postes, des halles centrales, de la cathédrale, de l'Hôtel-de-Ville, du grenier de réserve, de la place de la Bastille et du chemin de fer de Lyon. Il longe les ixe et viiie arrondissements, et n'est qu'à 7 ou 800 mètres des ive, v^e, vi^e et viie arrondissements, qui sont les vrais foyers de l'industrie et du commerce parisiens.

A l'est et au midi, depuis le pont de la Gare jusqu'à la barrière d'Enfer, il a le mur d'enceinte pour limite. Les barrières Saint-Jacques et d'Enfer le mettent en contact immédiat avec le chemin de fer de Sceaux, dont le débarcadère est entre les deux barrières sur le boulevart extérieur.

A l'ouest, de la barrière d'Enfer au Petit-Pont, il est borné par le xie arrondissement avec lequel sa physionomie a de tels rapports que sa transformation ne saurait s'opérer sans entraîner celle de la partie de cet arrondissement qui en est la plus voisine. De ce côté, le xiie arrondissement est tout au plus à 100 mètres du débarcadère du chemin de l'Ouest, il longe le magnifique jardin du Luxembourg, et se confond avec le xie dans le quartier Latin, depuis la rue Royer-Collard jusqu'à la Seine.

Sur cette immense surface, qui comprend un peu plus du septième de tout Paris, on trouve 190 voies publiques reconnues par l'autorité municipale. Le total des voies publiques de Paris étant de 1,474, si le nombre des rues du xiie était en proportion de sa superficie, il devrait s'élever à 210 au lieu de 190. Mais le nombre des rues est loin de rendre un compte exact de la viabilité de l'arrondissement, car sur les 190 rues qu'on y compte, *vingt-huit* seulement sont alignées, et encore presque toutes ces rues entourent-elles l'arrondissement sans pénétrer dans l'intérieur. Elles ne lui servent ni de ventilateurs ni de dégagements. Parmi les 162 rues non alignées, la largeur de 103 varie de 1 m. 50 à 7 mètres, c'est-à-dire que cette dimension est au-dessous de la largeur qu'assignaient aux rues de Paris les lettres-patentes de 1784 !

En dehors de tout autre motif, des voies de communication aussi impraticables devaient suffire à éloigner de l'arrondissement les établissements industriels et le mouvement des affaires, et l'on comprend que, malgré la proximité des ive, v^e, vi^e et viie arrondissements, où les établissements industriels se pressent et s'étouffent, l'industrie ne se soit pas encore établie sur les terrains du xiie, dont le peu de valeur offrait pourtant de très grands avantages, parce qu'il n'y avait pour elle ni moyen d'y entrer, ni moyen d'en sortir.

Des brasseries, des filatures, des fabriques de couvertures de laine et de coton, sont, avec les tanneries établies sur les bords de la Bièvre à peu près, les seuls établissements industriels que l'on trouve dans le xiie arrondissement.

Sous le rapport de l'importance des affaires, sa nombreuse population expie cruellement l'abandon et le mauvais état de sa viabilité. Il résulte, en effet, de l'enquête faite par la chambre du commerce, qu'en 1847 l'importance des affaires était dans le xiie arrondissement de 75,310,634 fr., tandis qu'elle s'élevait dans le vi^e à 235,178,629 fr., ce qui faisait : dans le xiie 834 fr. par habitant, et dans le vi^e 2,261 fr. Si le rapport des affaires à la population était dans le xiie le même que dans le vi^e arrondissement leur importance s'élèverait à 214 millions au lieu de 75. Mais on peut apprécier sous ses diverses phases cette grave question de l'importance des affaires dans les divers arrondissements en comparant les chiffres renfermés dans le tableau suivant :

Arrondissements d'après le rapport de l'importance des affaires à la population.		Importance des affaires.	Population des arrondissements.	Importance par habitant.
1	VIe	235,178,629	104,540	2,261
2	VIIe	153,898,974	69,735	2,230
3	IIIe	127,125,591	65,350	1,955
4	V^e	169,777,482	97,208	1,751
5	IVe	72,350,401	45,890	1,608
6	II$_e$	177,668,700	114,616	1,558
7	VIIIe	175,163,964	114,261	1,537
8	XIe	63,735,882	69,581	923
9	Ier	102,792,486	112,740	918
10	XIIe	75,310,634	95,243	834
11	IXe	39,903,794	50,198	800
12	X^e	70,721,813	113,875	626
	Total. . .	1,463,628,350	1,053,262	
	Moyenne. .	121,969,029	87,771	1,402

S'il est pauvre d'établissements industriels, le XIIe est richement pourvu d'établissements scientifiques. On y trouve, en effet, les collèges Louis-le-Grand, Sainte-Barbe, Napoléon, Rollin, autour desquels sont groupées un grand nombre d'institutions particulières; l'amphithéâtre de Clamart; les écoles de droit, de pharmacie, normale, polytechnique et des mines; le Collége de France et ses nombreux amphithéâtres où ceux qui savent viennent encore apprendre; le Jardin-des-Plantes, cet immense musée de la nature où les mystérieux phénomènes de la vie sur la terre sont tour-à-tour montrés et expliqués; et en dehors du XIIe, mais de l'autre côté de la rue qui le sépare du XIe, la vieille et savante Sorbonne, puis le collége Saint-Louis et l'École de médecine.

Reliés au reste de Paris par des voies directes et commodes, ces établissements suffiraient, à eux seuls, à la prospérité de l'arrondissement; car, ainsi que l'a dit avec tant de justesse le célèbre doyen de la Faculté des sciences, « Nous ne

« sommes plus aux temps pour lesquels les écoles furent bâ-
« ties. Aujourd'hui la population qui les fréquente n'est plus
« cette population exceptionnelle et circonscrite des écoliers
« du moyen-âge; la science attire la société tout entière
« parce qu'elle verse la lumière sur toutes les questions dont
« l'industrie, le commerce, l'agriculture, se préoccupent,
« dont les gens du monde eux-mêmes veulent connaître le
« secret. A mesure que le haut enseignement élargit sa base,
« qu'au lieu de s'adresser à un seul âge, à une seule popu-
« lation et à un seul quartier, il parle au profit de tous les
« âges et de la cité tout entière, il reste peu de chose à faire,
« peut-être, pour attirer chaque jour, par un mouvement
« régulier et lucratif, une portion notable de la population
« de la rive droite vers le centre scolaire de la rive gau-
« che (1). »

Ce qui reste à faire, nous espérons qu'il nous sera possible maintenant de le déterminer, en étudiant sur le plan de Paris l'état des voies de communication de l'arrondissement, les obstacles que l'enchevêtrement de ses ruelles oppose à la circulation générale, et les besoins locaux.

Le XIIe arrondissement peut être divisé en quatre grandes zônes dont les caractères et la physionomie présentent de grandes différences.

La première, en allant de la Seine vers la montagne Sainte-Geneviève, a pour limites les rues des Écoles et Saint-Victor; elle comprend, en allant du mur d'enceinte au faubourg Saint-Germain, la gare du chemin d'Orléans, le Jardin-des-Plantes, l'entrepôt des liquides, les terrains vagues de la rue des Chantiers, et à partir de la rue de Poissy jusqu'à

(1) M. Dumas, lettre à M. le préfet de la Seine, 12 décembre 1848.

la rue Dauphine, où elle se prolonge à travers le xi⁰ arrondissement, un fouillis de rues inextricables, de ruelles humides où la circulation est impossible, un labyrinthe qui rend le reste de l'arrondissement tout-à-fait introuvable. Ces quartiers entravent les rapports directs des xe et xie arrondissements avec l'Entrepôt, le Jardin-des-Plantes, le chemin d'Orléans et tout le nord-est de Paris. Entre ces divers points il n'y a d'autre voie praticable que la ligne des quais, et la population perd tous les jours un temps considérable pour tourner cet immense pâté où nulle rue ne répond aux besoins de la circulation. Mais sa funeste influence pèse plus lourdement encore sur le reste de l'arrondissement. Du midi au nord, il n'existe, en effet, à travers cette partie de la première zône que trois coupures, les rues de Laharpe, Saint-Jacques et la place Maubert, où se hasardent à passer ceux qui y sont absolument forcés. Le pont Saint-Michel, le Petit-Pont, le pont au Double, le pont de l'Archevêché, rendraient pourtant facile le passage sur l'une et l'autre rive, mais ces ponts ne sont pas abordables et ne rendront à la population les services qu'ils peuvent rendre que lorsque des voies commodes ouvertes dans leur prolongement pénétreront au centre de l'arrondissement. Il se fait pourtant un grand commerce dans la partie de cette zône qui s'avance dans le xi⁰ arrondissement. C'est là que la librairie, cette branche si importante du commerce parisien, a ses ateliers et ses dépôts. La création dans cette zône de voies de communication dont elle est dépourvue en ferait promptement disparaître les misères que l'on y trouve encore. Le commerce de la librairie, les ateliers de la typographie et les nombreuses industries qui se rattachent à cet art de la fabrication des livres, dont l'avenir est sans limites, se porteraient en masse le long des voies nouvelles qui s'ouvriraient dans ces quartiers ; l'orfèvrerie, forcée de se tenir aussi près que possible des ateliers et des bureaux de la Monnaie, ne trouverait nulle autre part des logements qui répondissent mieux à ses besoins et à ses habitudes; et la population nombreuse que ses affaires appellent dans les ve, vi^e et viie arrondissements, sans qu'elle puisse s'y loger, rechercherait sans doute avec empressement les constructions nouvelles qui lui seraient offertes à l'autre bout des ponts (1).

La deuxième zône s'étend de la rue Saint-Victor et de la rue des Écoles aux rues Lacépède, de la Vieille-Estrapade et des Fossés-Saint-Jacques. Elle touche par ses extrémités aux deux plus beaux jardins de tout Paris, au Luxembourg et au Jardin-des-Plantes ; elle renferme les établissements scientifiques les plus célèbres du monde entier, la Sorbonne, le Collége de France et l'Ecole polytechnique. Elle est ornée de monuments superbes ; c'est là que sont groupés le Panthéon, l'église Saint-Etienne-du-Mont, et la bibliothèque de Sainte-Geneviève due au talent de M. Labrouste, et dont la magnifique salle de lecture est une des œuvres remarquables de la nouvelle architecture. Dans la partie de cette zône qui s'étend du lycée Napoléon jusqu'au Luxembourg, quelques travaux récents ont tout-à-fait changé l'aspect que ces quartiers avaient il n'y a pas vingt ans. Le long des rues nouvelles de belles constructions ont été élevées et tout y prend un air de bien-être et d'aisance qui garantit déjà les heureux résultats de la transformation complète de l'arrondissement. Mais le malheur de cette partie de

(1) On peut voir d'après ces considérations les immenses bienfaits que doit produire l'ouverture des voies nouvelles dont l'administration vient de décider l'exécution dans cette zône. Elle a attaqué le mal avec une vigueur qui permet d'espérer les meilleurs résultats.

la deuxième zône, c'est d'être encore une exception dans l'arrondissement. Les améliorations qui y ont été faites semblent n'être, en effet, qu'un essai, une de ces tentatives timides par lesquelles on commence une grande entreprise dont le succès est encore incertain. L'essai, dans tous les cas, a si bien réussi qu'il n'y a désormais qu'a poursuivre avec toute confiance une œuvre qui dès les premiers pas a produit d'aussi bons résultats.

Mais si, dans cette zône, la partie qui s'étend vers l'ouest a reçu des améliorations, celle qui est comprise entre le Panthéon et le Jardin-des-Plantes est restée, au contraire, dans l'abandon le plus complet. C'est au point que la rue Lacépède et la rue Contrescarpe, deux ruelles bien plutôt que deux rues, et deux ruelles tortueuses où tantôt l'on monte et tantôt l'on descend, sont les seules communications ouvertes entre le Luxembourg et le Jardin-des-Plantes; entre des quartiers immenses, des populations considérables; entre des intérêts et des attractions de tous genres dont les communications devraient être largement assurées.

Mais il n'y a pas seulement à ouvrir, entre le Panthéon et le Jardin-des-Plantes, des voies de communication larges et en rapport avec les quartiers de monuments, de jardins, de palais, de musées, qu'elles doivent relier, il y a à y construire un quartier tout nouveau.

Entre les rues Saint-Victor, des Fossés-Saint-Victor et Saint-Étienne-du-Mont, sur un espace égal à environ la moitié du Jardin-des-Plantes, il n'existe d'autres constructions que celles qui bordent ces différentes rues; les immenses terrains enclavés et cachés derrière ce rideau sont complétement nus : ce sont des pépinières, des jardins maraîchers, des terrains jusqu'ici sans valeur, mais qui, demain, doubleront la fortune de leurs propriétaires. Ces terrains constituent un désert au milieu des quartiers qui les entourent; ils opposent un obstacle absolu à toutes leurs relations, et nuisent par conséquent à leurs progrès et au bien-être de leur population. Mais cette triste situation doit être modifiée, et au lieu d'être une cause de ruine, ces terrains sont appelés à devenir un puissant élément de fortune pour les quartiers voisins.

A mesure que les vieux quartiers de la rive gauche reçoivent des améliorations, à mesure que les parties les plus voisines des quartiers où la circulation rendait les affaires possibles s'associent à l'activité générale de la ville, le commerce et l'industrie s'avancent sur des points qui leur étaient encore restés inabordables. Leurs progrès sont malheureusement encore bien entravés, mais ils sont néanmoins faciles à reconnaître. Peu à peu le xie arrondissement devient plus animé; peu à peu les petits rentiers, les ouvriers, qui seuls autrefois habitaient ces quartiers, sont obligés de céder la place aux commerçants. Le prix des loyers s'élève avec les chances de fortune qu'entraînent les affaires; et les habitants dont le budget est limité remontent la Montagne, abandonnent des rues dont ils composaient autrefois la population principale, et passent du xie arrondissement dans les différents quartiers du xiie, et surtout dans ceux où apparaissent quelques nouvelles constructions.

L'élévation constante et générale du prix des logements et les facilités plus grandes que reçoit peu à peu la circulation rendent ce mouvement chaque jour plus sensible. La transformation générale des voies de communication de l'arrondissement le rendra sûrement de plus en plus considérable, car elle augmentera les chances de fortune offertes au commerce sur les points où il commence déjà à s'installer, et elle offrira à la population toutes les commodités désirables pour se porter sur tous les points où ses besoins l'appelleront.

Dans ces nouvelles conditions, les terrains des rues Saint-Étienne-du-Mont et des Fossés-Saint-Victor, situés entre le Jardin-des-Plantes, la place du Panthéon et le jardin du Luxembourg, reliés à l'autre rive par la rue du Cardinal-Lemoine, et mis à portée de toute la rive gauche par la rue des Écoles, et les nouvelles rues dont l'ouverture est nécessaire à la transformation de l'arrondissement, seront aussi admirablement placés que possible pour recevoir une population qui tout en se tenant à portée des affaires, y trouvera toutes les conditions voulues de jouissance et de salubrité.

Les améliorations opérées sur les terrains compris entre la Halle aux vins, le Jardin-des-Plantes et la rue Saint-Victor, sont déjà une preuve à l'appui des considérations qui précèdent. Ces améliorations avaient pourtant l'inconvénient d'être toutes locales. La circulation entre la rue Guy-Labrosse et le reste de la ville était toujours aussi difficile ; et malgré cela, les constructions nouvelles n'en ont pas moins reçu une population qui a changé les habitudes et la physionomie de ce quartier.

La troisième zône s'étend des rues Royer-Collard, de la Vieille-Estrapade, Lacépède et Buffon, jusqu'au champ des Capucins et aux rues des Bourguignons, Cochin, de Fer-à-Moulin et Poliveau. Elle touche à l'est au Jardin-des-Plantes, au pont d'Austerlitz, aux chemins de Lyon et d'Orléans ; à l'ouest, au Luxembourg, au boulevart du Montparnasse, au chemin de l'Ouest. Cette situation devrait être pour elle une fortune ; mais rien n'a été fait encore pour la mettre en mesure d'en tirer un parti profitable. De l'est à l'ouest, entre les trois chemins de fer de Lyon, d'Orléans et de l'Ouest, entre le pont d'Austerlitz et toute la partie sud-ouest de Paris, *aucune voie directe n'est ouverte ;* et les ruelles qui s'entrecroisent dans cette direction sont tout-à-fait impropres aux besoins de la circulation. La partie ouest de cette zône, située entre les rues Saint-Jacques, des Postes, de l'Arbalète et des Charbonniers, comprend d'immenses terrains vagues dans lesquels s'avance la rue d'Ulm, pour y finir comme une impasse. Sur ces terrains, *aucune voie de communication n'existe encore*. Une société, constituée dans le but d'ouvrir trois rues nouvelles dans le quartier Rollin, avait fait espérer que tous ces terrains vagues seraient bientôt reliés au reste de la ville; ses plans avaient été agréés par l'administration qui lui donnait 250,000 francs de subvention, et la subrogeait à ses droits pour opérer les expropriations nécessaires; mais, retardés sans doute par les difficultés jetées par les événements en travers des affaires, ses travaux n'ont pas encore été exécutés.

Entre cette première partie de la troisième zône et la rue de Geoffroy-Saint-Hilaire, au lieu de terrains vagues on rencontre des constructions pressées les unes sur les autres, coupées de rues en pente, étroites, tortueuses, où vit une population pauvre, où tout, jusqu'à l'église Saint-Médard qui s'y trouve, semble être mal à l'aise et demander de l'air et du soleil. C'est là, sur les bords de la Bièvre, que l'industrie des cuirs a ses établissements les plus nombreux et les plus riches; mais, comme le reste du quartier, les tanneries manquent des voies de communication que le transport de leurs produits rendrait si nécessaires. La rue de Buffon, qui offre au fond de la vallée un bon dégagement vers le pont d'Austerlitz, n'est abordable que par la rue Censier dont l'élargissement a été si souvent demandé; et la rue Mouffetard, si raide et si étroite, est la seule communication ouverte avec les deux premières zônes, et même avec Paris à peu près tout entier. Toute cette partie de la troisième zône doit être transformée ; il lui faut de l'air, du soleil, la Halle aux cuirs, que les tanneurs attendent depuis bien près de deux cents ans, et des voies de communication qui, la reliant au reste de l'arrondissement et de la ville, rendent dorénavant facile la circulation générale que ses ruelles entravent aujourd'hui de la façon la plus complète. Quant à la partie de cette zône qui longe le Jardin-des-Plantes et s'étend, de la rue Geoffroy-Saint-Hilaire jusqu'au Marché-aux-Chevaux et au boulevart, elle doit être réservée pour l'agrandissement du Muséum. Dans le Jardin-des-Plantes tout est trop à l'étroit : les collections, les animaux et les plantes. Son agrandissement est devenu une nécessité ; et les terrains situés le long de la rue Buffon semblent tout naturellement appelés à recevoir cette destination. La ville en possède déjà une grande partie ; les constructions y sont fort peu nombreuses et n'ont, en général, que très peu de valeur ; et rien n'obligerait à supprimer la rue qui les sépare actuellement du Muséum. Cette rue pourrait être, sur l'une et l'autre rive, fermée par une grille ; elle serait comme une allée du jardin même ouverte à la circulation générale. De distance en distance on pourrait établir à la hauteur voulue de larges passerelles, dont les habiles directeurs du jardin sauraient, assurément, faire des ornements. Des buttes décorées d'arbres verts, dans le genre de celles que la population parcourt avec tant de plaisir dans le jardin actuel, pourraient dissimuler ces constructions et faire passer les visiteurs de l'ancien jardin dans le nouveau, sans que rien fît jamais regretter que la rue ait été conservée entre les deux jardins.

La quatrième zône s'étend de la troisième jusqu'au mur

de l'octroi. Elle longe la rue d'Enfer depuis le boulevart du Montparnasse jusqu'à la barrière d'Enfer, et de là, jusqu'à la place de l'Hôpital, de larges boulevarts plantés d'arbres superbes lui font une admirable ceinture. Toute cette zône, qui comprend plus du tiers de l'arrondissement, n'est reliée au reste de la ville que par les rues Saint-Jacques, de Lourcine, Mouffetard, et Saint-Marcel; et ces rues sont si raides qu'elles sont loin d'offrir des moyens praticables de communication. Quelques ruelles, le long desquelles on voit de loin en loin une maison de chétive apparence, courent en divers sens à travers les immenses terrains que des jardins et même des prairies occupent seuls encore; et lorsqu'on les parcourt, il faut de temps à autre revoir les monuments qui sont à l'horizon pour rester convaincu qu'on est bien à Paris.

Ce désert n'est pourtant pas plus loin de l'Hôtel-de-Ville que la place de la Concorde et le beau boulevart Italien. Il est deux fois plus près du centre des affaires que Batignolles et Belleville, trois et quatre fois plus que Passy et Neuilly; mais il est, il est vrai, cent fois plus introuvable, et c'est justement là ce qui lui a valu de rester un désert.

Mais le jour où il sera relié au centre de la ville par de larges et belles rues; le jour où un beau boulevart, passant sur la limite de la troisième et la quatrième zône, mettra en rapport immédiat les chemins de Lyon et d'Orléans, avec le chemin de l'Ouest, et toute la partie sud-ouest de Paris; le jour où les anciens quartiers qui l'avaient isolé du centre des affaires seront eux-mêmes transformés et coupés par de larges et belles rues, ce désert comptera une population nombreuse, dont la présence aurait à elle seule une influence décisive sur la prospérité de l'arrondissement.

On sait combien les logements largement aérés sont rares

à Paris. On sait combien sont recherchés les quartiers à portée des jardins, où la famille peut aller sans danger respirer à son aise. Les Tuileries et les Champs-Élysées contribuent puissamment, pour cette raison même, à rendre inabordables aux gens qui ne possèdent pas une immense fortune les logements voisins. Aux environs du Luxembourg, dans les rues de l'Ouest, de l'Est, d'Enfer, recherchées pour le même motif malgré l'imperfection des voies de communication qui les relient au centre de la ville, les loyers sont encore à des prix élevés, et dans les rues situées trop loin des promenades, c'est encore ce besoin, d'ailleurs si impérieux, de respirer à l'aise, qui fait souvent donner la préférence à ces appartements situés en haut de la maison, auxquels on ne parvient qu'après une ascension pénible, mais qui sont pourvus d'une terrasse où les enfants peuvent avoir de l'air.

« Avec des arbres et de l'air, disait M. de Rambuteau si expert en pareille matière, on mènera les Parisiens où on voudra. » Et la preuve que le célèbre administrateur avait parfaitement raison, c'est que, faute d'y rencontrer des arbres et de l'air, les Parisiens s'en allaient de Paris. Ils s'en allaient dans la banlieue peupler tous ces villages qui sont si vite devenus des villes importantes. Et faute d'avoir su se placer dans des conditions convenables pour empêcher cette émigration, la propriété parisienne a perdu une grande partie des chances de fortune que l'accroissement de la population devait lui apporter. Elle est restée, surtout dans le xiie, sous le poids des impôts de tout genre nécessaires aux besoins généraux de la population, tandis que la fraction qui logeait hors la ville portait dans la banlieue le surcroît de valeur auquel les terrains du xiie avaient droit par leur situation et par la quote part pour laquelle ils entraient dans le budget municipal.

Attirer sur les immenses terrains vagues de la quatrième zône les milliers de familles qui veulent à tout prix des arbres et de l'air ; leur offrir à vingt minutes du centre de la ville ces logements qu'ils vont chercher jusque dans la banlieue ; tel est pour la propriété du XIIe arrondissement le moyen de réparer ses pertes, de sortir de son infériorité, et d'avoir désormais sa part dans les produits auxquels a droit, en raison de ses charges et des services qu'elle rend à la population, toute propriété comprise dans Paris.

La situation même de la quatrième zône la rend plus propre que tout autre point de la ville à recevoir cette destination. Touchant par ses extrémités au jardin du Luxembourg et au Jardin-des-Plantes, entourée par deux beaux boulevarts, les plus grands éléments de calme, de bien-être, et de salubrité s'y trouvent réunis.

Mais indépendamment des avantages qui résultent de leur situation entre les deux plus belles promenades de la ville, l'état de ces terrains, où tout est à créer, permet de les approprier de la façon la plus complète aux goûts et aux besoins de la population qu'on veut y appeler. Au lieu d'y créer quelques rues avec des maisons à plusieurs étages, il faut, dès le principe, donner à ce quartier nouveau une physionomie qui soit en harmonie complète avec sa merveilleuse position. Il faut en faire un quartier de jardins. Un quartier dont les rues seront, sur l'une et l'autre rive, bordées d'une série de ces petits jardins où de si grandes jouissances sont souvent contenues ; où le chef de la famille se repose le soir de ses fatigues ; où l'enfant se fatigue pour accroître ses forces. Derrière la ligne des jardins et adossées les unes aux autres, de manière à avoir leurs façades sur un jardin et une rue, de petites maisons pouvant suffire aux besoins d'une seule famille se suivraient à la file, et seraient, entre les rues et les jardins, comme un long bâtiment élevé d'un étage, ayant double façade; mais où chaque famille serait aussi complétement chez elle que si chaque maison était tout-à-fait seule et perdue dans les champs.

Les familles qui s'en vont hors Paris chercher plus ou moins loin de l'air et des jardins, trouveraient donc à portée des affaires, à portée des musées, à portée de ce Jardin-des-Plantes, qui est comme le résumé de toute la nature, à portée des colléges et des institutions, les agréments qu'il leur faut payer dans la campagne, de ces désagréments sans nombre, que des déplacements qui coûtent des heures tous les jours entraînent à leur suite.

Mais en outre de ces familles qui, par économie, par goût, ou par besoin de respirer à l'aise un air plus pur, s'en vont, malgré tous les inconvénients possibles, chercher des logements dans la banlieue, beaucoup d'autres encore rechercheraient avec empressement les petites maisons et les petits jardins de ce nouveau quartier.

Ces logements seraient, sans aucun doute, préférés à ces appartements situés en haut de l'escalier, si froids l'hiver, et si brûlants l'été; mais dont on supporte cependant tous les inconvénients parce qu'ils ont une terrasse. D'ailleurs, la création d'un quartier de jardins à portée des affaires, et présentant à cause de sa situation des agréments sans nombre, et l'avantage si précieux pour beaucoup de familles de toucher à tous les établissements scientifiques, aux colléges et aux institutions, entraînerait bientôt des changements notables dans les habitudes de la population qui vit actuellement au centre des affaires. Dans ces quartiers les logements sont à des prix exorbitants. Mais la nécessité de se trouver placé tout juste dans la rue où les chances de bénéfices sont plus considérables impose à la population, qui les recherche, l'obligation d'en consacrer souvent la majeure partie au prix de son loyer. Pour avoir une étude, un cabinet, un magasin à portée des clients, il faut y prendre un logement, toujours le plus étroit possible, souvent sans lumière et sans air, et dont le prix ajoute à ces désagréments les privations que son exagération impose à la famille.

Mais lorsqu'on offrira aux commerçants et aux gens d'affaires des maisons situées dans Paris même, où leurs familles trouveront des logements commodes, salubres, indépendants ; où les enfants auront un jardin pour jouer à leur aise et grandir en plein air ; des maisons que des rues magnifiques mettront à vingt minutes des affaires, et qui, malgré des avantages si réels et si précieux, ne leur coûteront pas moitié de ce qu'ils paient actuellement les logements où leur famille souffre, s'étiole, et n'a aucun bien-être malgré ses sacrifices ; il est incontestable que les commerçants et les gens d'affaires de Paris prendront les habitudes des commerçants de Londres. Ils auront à portée des clients le magasin ou le cabinet dont ils auront besoin pour leurs affaires, et ils auront le logement de leur famille dans un autre quartier. Les familles et les affaires y gagneront ensemble ; car le loyer coûtera moins d'argent, et, cependant, l'habitation réunira toutes les conditions de jouissance et de bien-être dont on aura besoin.

Pour peu que l'on y réfléchisse, la création sur les immenses terrains vagues du xiie arrondissement d'un quartier de petites maisons ayant chacune son jardin, apparaîtra bientôt, sans aucun doute, comme la garantie de sa prospérité. Cette transformation répond à un besoin public ; en dehors de tout autre motif, elle pourrait à elle seule appeler brusquement une population nombreuse dans ces quartiers aujourd'hui si déserts ; les fournisseurs, qui se portent toujours partout où des consommateurs ont des besoins à satisfaire, se fixeraient bientôt à la portée des nouveaux habitants ; et les rapports obligés de toute cette population avec le reste de la ville auraient sur la prospérité des autres zônes de l'arrondissement une influence incontestable. La propriété du XIIe sortirait de l'infériorité dans laquelle elle est encore plongée ; sa valeur s'accroîtrait avec la somme des services qu'il lui serait permis de rendre, et la fortune de l'arrondissement s'élèverait à la hauteur, non pas des espérances, mais des désirs de la population.

Maintenant que les transformations à opérer sur les différents points de l'arrondissement sont toutes étudiées, traçons une enquête rapide des voies de communication dont l'ouverture pourrait les assurer.

La circulation générale étant paralysée par tous ces vieux quartiers de la rive gauche, contre lesquels les grandes lignes de communication viennent butter sans pouvoir passer outre, il faut couper tous les obstacles qui barrent le passage à ces courants de produits de tous genres dont la circulation, le transport et l'échange engendrent la richesse.

Les rapports de la population locale étant eux-mêmes entravés par l'absence de rues, par l'état de celles qui existent, par l'entassement des habitations sur les points où l'activité publique aurait le plus besoin d'espace, il faut, sur tous les points où des intérêts nombreux sont appelés à se grouper, créer des places ou des squares ; et, pour rendre ces rapports faciles et productifs, il faut relier les centres d'attraction par des rues praticables.

Entre le sud-ouest, l'est et le nord-est de Paris; entre le Champ-de-Mars et le faubourg Saint-Germain d'une part, l'Entrepôt, le Jardin-des-Plantes, les chemins de Lyon et d'Orléans d'autre part, les quartiers des xie et xiie arrondissements sont comme une forêt où il faut pratiquer de larges ouvertures.

La rue de l'Université et la rue Jacob, à la hauteur de la première zône;

Le réseau des rues qui débouchent sur le carrefour de la Croix-Rouge, à la hauteur de la deuxième zône;

Le Luxembourg et son riche quartier, à la hauteur de la troisième;

Le chemin de l'Ouest et le boulevart du Montparnasse, à la hauteur de la quatrième;

Viennent tous aboutir à ces fouillis de ruelles, à ces immenses terrains vagues qui, seuls encore, constituent le xiie arrondissement; mais, arrivée au pied de ces obstacles, la circulation doit s'arrêter, prendre de longs détours, ou rebrousser chemin.

Dans l'intérêt de la cité entière, tout comme dans celui de l'arrondissement, qui, certes, a grand besoin d'offrir à la fortune les moyens d'y entrer, la route doit être déblayée devant ces grands courants d'hommes et de produits qui, de l'est à l'ouest de la ville, déposeraient partout sur leur passage des éléments de bien-être et de prospérité.

La rue de l'Université, prolongée au travers de la première zône jusque vers l'Entrepôt, où elle s'amorcerait, d'un côté sur la rue Saint-Victor, pour s'étendre par la rue de Geoffroy-Saint-Hilaire jusqu'au centre de la quatrième zône, et, de l'autre, sur le quai Saint-Bernard, pour rejoindre le chemin d'Orléans, le pont d'Austerlitz et le chemin de Lyon, transformerait les ruelles de la première zône comme la rue de Rivoli a transformé le quartier des Arcis. Elle serait, à tous égards, pour toute la partie de la rive gauche la plus voisine de la Seine et des quais, ce que la rue de Rivoli est pour la partie correspondante de la rive opposée. Comme elle, elle mettrait en communication des quartiers de fortune et de luxe avec des quartiers dont le travail et le commerce sont toute la richesse. Comme elle, elle serait au point de vue de la salubrité publique une amélioration de premier ordre. Comme elle, elle substituerait à des maisons inhabitables des constructions offrant toutes les conditions de bien-être et d'aisance. Elle serait le complément de la restauration du centre de la ville, dont l'Empereur jetait, il y a cinquante ans, les bases principales en dégageant les quais. Elle contribuerait à ramener vers les quartiers du centre, dont les dégagements seraient alors complets, cette population qui cherchait sur les points excentriques des quartiers où les rapports de chaque jour fussent facilités par des voies praticables. Elle aurait pour effet immédiat la transformation complète de ces ruelles étroites et humides qui, seules aujourd'hui, permettent d'aborder les ponts. Reliée par des coupures à la rue des Écoles, la rue de Rambuteau de ces quartiers, elle ferait monter jusqu'au sommet de la montagne une population active et commerçante. Elle serait, enfin, pour la ville moderne, la conquête absolue de ces débris de la cité du moyen-âge, où le Paris de la civilisation n'avait pu pénétrer par aucune ouverture.

Entre les rues qui aboutissent au carrefour de la Croix-Rouge et la rue des Écoles, les communications ne sont guère possibles que par les rues du Four et de l'École-de-

Médecine : deux rues étroites, encombrées, où la population peut à peine passer dès aujourd'hui, mais où la circulation sera tout-à-fait impossible le jour où l'ouverture de la rue des Écoles donnera toute son importance au courant d'hommes et de produits qui, de l'est à l'ouest, ont besoin de traverser la rive gauche.

Les rues du Four et du Vieux-Colombier devant être élargies, la rue de l'École-de-Médecine restera donc seule comme un obstacle dans cette direction. Mais cet obstacle, on doit, sans hésiter et sans attendre, le faire disparaître. Car laisser cette rue dans son état actuel, au centre d'une grande ligne où la circulation, pourvue d'abord de voies de premier ordre, devrait, justement dans son centre, se resserrer dans une rue étroite, dans une rue déjà impraticable et qu'il n'y aurait plus aucun moyen de traverser, ce serait compromettre les fruits de sages et utiles améliorations ; ce serait exposer la population à des accidents graves ; ce serait comme si, après avoir pris soin de construire un canal, après l'avoir ouvert par ses extrémités à la navigation, on laissait manquer d'eau le bief supérieur. L'administration qui veille aux intérêts de la cité a donné de trop nombreuses preuves de son intelligence pour commettre une pareille faute (1).

Entre le Luxembourg et le Jardin-des-Plantes, les communications devraient être nombreuses et faciles. La population devrait être en mesure de jouir à son aise et de l'un et de l'autre ; car ces jardins, ce sont les deux joyaux des vieux quartiers de la rive gauche, les deux perles qui doivent relever leur parure.

(1) Le projet adopté récemment par la commission municipale est la justification complète de ces appréciations.

Du Luxembourg à la place du Panthéon, c'est-à-dire sur la moitié de la distance qui sépare les deux jardins, l'œuvre de leur liaison est déjà grandement accomplie. On quitte le palais et le jardin de la belle Marie de Médicis, on aborde la place la plus monumentale de Paris ; mais, la place franchie, on hésite..... et lorsqu'on voit dans sa pensée les ruelles tortueuses qu'il reste à traverser, on s'arrête...... et l'on va autre part, l'esprit préoccupé de cette déception.

Pour compléter la réunion des deux jardins sur cette ligne, pour franchir le désert qui sépare le Panthéon du Muséum, il n'y a qu'à percer, dans la direction même de la partie méridionale de la place, une large trouée. Cette nouvelle rue couperait les jardins du collége Henri IV, supprimerait la ruelle si étroite de Saint-Étienne-du-Mont et, sans la moindre déviation, viendrait s'ouvrir tout droit au carrefour des rues Geoffroy-Saint-Hilaire, Cuvier et Saint-Victor.

Longeant tous les terrains cachés derrière les rues Saint-Victor et des Fossés-Saint-Victor, elle assurerait au quartier à créer sur ce point des communications faciles avec les deux parties orientale et occidentale de la rive gauche. Un square devrait en outre être établi au centre de ce quartier, et trois rues partant de ce square créeraient des débouchés directs sur la rue Clovis, sur la rue des Écoles et sur la place Saint-Victor.

Du boulevart du Montparnasse à la place de l'Hôpital, une large coupure est encore nécessaire. Mais une commission, composée d'habitants et de propriétaires de l'arrondissement, s'est déjà préoccupée de son exécution, et son projet doit entrer tout entier dans l'ensemble des voies de communication sur lesquelles repose la transformation de l'arrondissement.

D'après le plan de cette commission, le boulevart du Montparnasse serait prolongé dans sa direction même jusqu'à la rue Pascal ; là, un large square deviendrait le point de convergence des principales rues créées pour les besoins de la circulation locale, et pour mettre en rapport avec le centre de la ville les immenses terrains de la quatrième zône. Puis, à partir de ce square, le boulevart, coupant les ruelles et les jardins du quartier Saint-Marcel, irait directement vers le boulevart de l'Hôpital, sur lequel il s'ouvrirait à peu près à la hauteur du Marché aux chevaux.

Avec cette ligne importante qui relierait entre eux les chemins de l'Ouest, de Lyon et d'Orléans, et les trois autres lignes dont nous avons déjà tracé la direction, la circulation générale serait complétement pourvue des moyens de franchir les obstacles que le XIIe arrondissement oppose actuellement à tous les intérêts qui, de l'est à l'ouest de tout le Paris méridional, ont besoin d'avoir des communications directes et faciles.

Mais pour fournir, à la rive droite et à la population nombreuse qui se presse dans les arrondissements situés tout juste en face du XIIe, les moyens d'aborder les immenses terrains sur lesquels des constructions nouvelles pourraient offrir à vingt mille familles des logements commodes à portée des affaires, de larges rues doivent relier avec les ponts les différents quartiers de l'arrondissement.

Car, il est important qu'on le remarque bien, c'est des ponts que dépend la fusion des deux rives dans une seule ville. En rendant le passage facile sur l'une et l'autre rive, les ponts et les nouvelles rues créées dans leur prolongement accroîtront à la fois le bien-être des deux populations. La rive droite trouvera sur la gauche des débouchés à ses produits, des logements commodes et moins chers ; la rive gauche recevant de la droite une population nouvelle, son activité et son commerce prendront plus d'importance, et sa propriété, contenant une population plus condensée, produira davantage, aura plus de valeur.

Depuis le jour où François Myron construisit le Pont-Neuf, ouvrit la rue Dauphine, l'influence des ponts sur la prospérité de l'une et l'autre rive, que l'œuvre de l'illustre prévôt rendit si manifeste, n'a cessé de s'accroître. Tout pont nouveau jeté par dessus la rivière, toute voie destinée à rendre plus facile l'accès de ceux qu'on possède, c'est pour la ville entière un nouvel élément de fortune ; c'est un moyen de plus donné à l'une et l'autre rive de lier leurs intérêts, d'offrir et d'échanger les moyens qu'elles ont plus spécialement à leur disposition de satisfaire à des besoins donnés.

« — Chaque partie de la ville, a dit M. Horace Say, dont
« l'opinion est de haute importance en pareille matière, a
« ses éléments de prospérité et de succès. Il faut que les
« améliorations y soient réparties équitablement ; il faut
« surtout que les communications soient rendues faciles
« entre tous les points. Ce qui manque le plus, ce sont des
« ponts qui facilitent le passage d'une rive sur l'autre.
« M. Lanquetin, l'un des membres les plus laborieux du
« conseil municipal, demandait un jour que l'on voulût se
« représenter, pour un moment, la place occupée par la
« rivière comme un terrain nivelé et couvert de maisons.
« Les quais deviendraient, dans ce cas, de grandes et belles
« rues, courant de l'est à l'ouest de Paris. Se contenterait-

« ou alors, continuait-il, pour communiquer d'une partie
« à l'autre de la ville, des rues étroites qu'on appelle au-
« jourd'hui des ponts, en travers de quelques-unes des-
« quelles se trouveraient des barrières à péage? Ne vou-
« drait-on pas, au contraire, ouvrir à tout prix de larges
« communications entre le nord et le sud? Ce qu'on ferait,
« si l'espace était couvert par des îlots allongés de mai-
« sons, pourquoi ne le ferait-on pas lorsqu'un cours d'eau
« parcourt la même direction (1)? »

La restauration du Pont-Neuf, celle du Petit-Pont, celle du pont Notre-Dame, celle du pont des Invalides, celle du pont d'Austerlitz, la construction du pont de l'Alma, le remplacement du pont d'Arcole par un large et beau pont de pierre, témoignent hautement de toute l'importance qu'attache actuellement l'administration aux services que les ponts peuvent rendre.

Seulement, il nous semble que la restauration des ponts, pour porter tous ses fruits, devrait être suivie de l'élargissement des rues par lesquelles on traverse les îles. Ces rues ne sont pas autre chose que la partie centrale des ponts qu'elles unissent. Au lieu d'être portée par des piles et des voûtes, la chaussée est portée par un large remblai, voilà toute la différence. D'ailleurs le service est le même, et, au point de vue de la circulation, les rues des Deux-Ponts, d'Arcole, de la Barillerie, ne diffèrent pas plus des ponts qu'elles unissent, que le terre-plein du Pont-Neuf ne diffère des deux parties du pont soutenues par des piles et des arches. Les rues des Deux-Ponts, d'Arcole et de la Barillerie sont pour-

---

(1) *Etudes sur l'administration de la ville de Paris et du département de la Seine*, par M. Horace Say, p. 365.

tant loin d'offrir de bonnes conditions à la circulation, et pour assurer d'une façon complète ce passage facile qui contribuerait tant à rendre plus fréquents les rapports des deux rives, elles doivent être portées à la largeur des rues de premier ordre.

La traversée des îles une fois assurée par ces larges coupures, pour faire de Paris une ville homogène, pour achever cette transformation que voulait l'Empereur en dégageant les quais, il ne resterait plus qu'à ouvrir au travers des vieux quartiers de la rive gauche les rues dont les besoins généraux de la circulation réclament l'ouverture dans la direction des ponts.

Toute la rive gauche en est encore réduite à passer par la rue Dauphine pour se rendre au Pont-Neuf, et ce pont, c'est pourtant le point central de tout Paris, le point où les habitants des xe, xie et xiie arrondissements devraient pouvoir se rendre le plus facilement, car c'est sur ce point-là que les appellent les plus nombreuses attractions.

Aussi la commission des habitants du xe arrondissement a-t-elle réclamé une large coupure qui, reliant le Pont-Neuf avec la rue du Four, le carrefour de la Croix-Rouge et le chemin de l'Ouest, assurerait les communications de toute la partie occidentale de la rive gauche avec le centre et le nord-est de Paris. Cette rue, qui s'ouvrirait à droite de la rue Dauphine vers le point où la rue de Nevers débouche sur le quai, dégagerait les rues Dauphine et de Buci, et serait, à tous égards, pour les xe et xie arrondissements et pour la rive droite tout entière, une amélioration du premier ordre. Mais si les communications entre le sud-ouest, le centre et le nord-est de Paris, doivent être complétement assurées par cette grande ligne, les communications entre e nord-ouest, le centre et le sud-est, resteront tout aussi *impossibles* qu'elles le sont encore, à moins qu'une ligne pareille ne soit ouverte dans cette direction.

Du x‍ᵉ au Pont-Neuf, la circulation est embarrassée et difficile ; *mais du* xiiᵉ *au Pont-Neuf elle est tout-à-fait impossible.* Aucune *rue bonne ou mauvaise n'est ouverte dans cette direction ;* et pourtant des attractions nombreuses, des besoins, des affaires de tous les jours appellent les cent mille habitants du sud-est de Paris vers le centre ou le nord-est de la ville.

Entre le xiiᵉ arrondissement et le Pont-Neuf il faut donc ouvrir une large et belle voie de communication, comme on doit en ouvrir une entre le xᵉ et le Pont-Neuf ; car des deux côtés les besoins sont les mêmes, des deux côtés les résultats seront également utiles et profitables à tous.

La rue du Pont-Neuf au xiiᵉ arrondissement s'ouvrirait à gauche de la rue Dauphine, couperait le marché de la Vallée, dont les quartiers voisins réclament depuis si longtemps le déplacement, passerait au travers du labyrinthe inextricable qui se trouve derrière l'Ecole-de-Médecine, et s'y croiserait avec la rue de l'Université prolongée au travers de la première zône, déboucherait au carrefour des rues de l'Ecole-de-Médecine, Racine, de Laharpe et des Ecoles, dont elle doublerait l'importance, passerait sur la place de la Sorbonne, couperait la vieille rue des Cordeliers, et, débouchant au carrefour des rues Soufflot et Saint-Jacques, mettrait la place et le quartier du Panthéon à dix minutes du Pont-Neuf. De là, coupant la rue des Fossés-Saint-Jacques et la rue d'Ulm, elle entrerait dans le quartier Rollin. Au centre de ce désert, un square, où viendraient aboutir des rues partant des carrefours de l'Observatoire et de Saint-Médard, mettrait en rapport immédiat avec le Pont-Neuf le quartier Mouffetard et le quartier Saint-Jacques.

A partir du square Rollin, la grande rue du xiie arrondissement, prenant par le revers la vallée de la Bièvre, traverserait les rues de l'Arbalète et de Lourcine et irait aboutir au square créé derrière les Gobelins, au point d'intersection de la rue Pascal avec le boulevart nouveau qui relierait entre eux les chemins de l'Ouest, de Lyon et d'Orléans. Les rues nécessaires au service local de la quatrième zône venant toutes aboutir sur ce point, les immenses terrains du xiie arrondissement, encore si dépourvus de toute grande ligne de communication, seraient enfin reliés avec le Pont-Neuf et le Paris central; et deux rues, dont l'une aboutirait au square qui serait établi devant les Gobelins, et l'autre, remontant la colline par le revers de la vallée, déboucherait sur le boulevart des Gobelins, assureraient malgré les pentes de communications directes et faciles entre la barrière d'Italie, le Panthéon, le Pont-Neuf et tout le centre de le ville.

Cette rue aurait sur la transformation et la fortune du xiie arrondissement une influence décisive : elle serait comme un large canal au milieu d'un pays où aucun débouché n'était encore ouvert; elle mettrait sur le Pont-Neuf tout le sud-est de Paris.

Pour voir son importance, il suffit, du reste, d'apprécier les changements produits par la nouvelle rue de Rivoli.

De la place du Palais-Royal à la rue Saint-Antoine le passage direct était, il y a trois ans, toute une expédition. C'était un voyage que la curiosité pouvait porter à entreprendre; mais les embarras du passage paralysaient tous les rapports d'affaires que la nouvelle rue a rendus si faciles. C'est que, au point de vue de la circulation, la distance a bien moins d'importance que la facilité de la locomotion. Les chemins de fer en donnent tous les jours les plus frappants exemples, et les rapports et la fusion des intérêts entre deux populations que séparent des obstacles difficiles à franchir s'accroissent, lorsqu'ils ont disparu, dans une proportion dont la grandeur étonne et passe toutes les prévisions.

Ce que la rue de Rivoli a fait entre l'Hôtel-de-Ville et le Palais-Royal, la grande rue du Pont-Neuf à la barrière d'Italie le ferait entre le centre de Paris et tous les vieux quartiers des XIe et XIIe arrondissements. On irait du Panthéon au Louvre, comme on va aujourd'hui du Louvre à l'Opéra ; car des deux côtés la distance est la même, et les difficultés seules de la circulation font que le Panthéon semble être au bout du monde.

Des Gobelins au Pont-Neuf le chemin ne serait pas plus long que celui du Pont-Neuf au palais de l'Industrie ; il serait plus direct et tout aussi commode. La barrière d'Italie, les routes de Choisy et de Fontainebleau, seraient plus près du centre de la ville et tout aussi faciles à aborder que l'arc de l'Etoile et l'avenue de Neuilly.

Pour le sud-est, le centre et le nord-ouest de Paris, pour les trois quarts de la ville, la rue du Pont-Neuf à la barrière d'Italie serait d'une telle importance, que son exécution apparaît tout de suite comme l'une des améliorations les plus urgentes que l'intérêt public puisse faire entreprendre.

De larges coupures, partant du pont Saint-Michel, du Pont-au-Double, du Petit-Pont et s'avançant le plus avant possible dans l'intérieur de l'arrondissement, sont encore nécessaires pour assurer l'installation de la ville moderne sur les emplacements du XIIe qui attendent toujours une population. Ces coupures, le prolongement de la rue de l'Université au travers de la première zône les rendra beaucoup moins dispendieuses, beaucoup plus profitables. Les rues de Laharpe et Saint-Jacques recevront cet élargissement que leurs habitants réclament avec tant d'instances; et le Pont-au-Double devra être relié à la rue des Ecoles par une large voie destinée à porter vers l'Hôtel-de-Ville le courant qui descend la montagne dans cette direction. Cette rue, dont l'exécution serait pour la transformation des plus mauvais quartiers d'une haute importance, devrait déboucher sur la rue des Ecoles, en face du collége de France, et mettrait le quartier des Ecoles à dix minutes de celui de l'Hôtel-de-Ville (1).

Mais à côté des coupures que la transformation de la première zône appelle tout naturellement à opérer dans la direction même des ponts entre les quais et la rue des Ecoles, une autre grande ligne, prenant la montagne à revers, devrait relier directement la place du Panthéon et le pont Saint-Michel; car la place du Panthéon est le centre des communications entre les ponts et le sud de l'arrondissement, et, à ce titre, on ne saurait apporter trop de soin à lui fournir vers la rivière de bons dégagements. Du côté de l'ouest de cette place, et dans la direction nord-ouest de la ville, la rue du Pont-Neuf ne laissera sous ce rapport rien plus à désirer; mais du côté de l'est, sur la partie où viendront se croiser les lignes de dégagement du nouveau quartier Saint-Victor, du quartier Saint-Médard et de la vallée de la Bièvre, un nouveau débouché deviendra nécessaire. La rue de la Montagne-Sainte-Geneviève et celle des Sept-Voies sont loin d'être en état de satisfaire même aux besoins présents, et il ne faut pas attendre que des besoins nouveaux soient

(1) Ces coupures sont comprises dans le projet adopté par la commission municipale.

venus ajouter aux embarras actuels de nouveaux embarras, pour se préoccuper des moyens d'y pourvoir.

Une grande ligne qui, partant de l'église Saint-Etienne-du-Mont, descendrait doucement couper la rue des Ecoles à côté du Collége de France, en face de la nouvelle rue ouverte sur le Pont-au-Double; qui de là, laissant sur la droite cette dernière rue, passerait sur les restes de Saint-Jean-de-Latran, couperait la rue Saint-Jacques à l'angle de la rue des Noyers, la rue de l'Université prolongée à la hauteur de Saint-Severin, et viendrait déboucher tout droit sur le pont Saint-Michel, répondrait amplement aux besoins de la circulation dans cette direction. De la place du Panthéon on verrait à huit ou neuf cents mètres le Palais-de-Justice. On en serait à dix minutes, et les communications entre tout le sud-est de Paris et la grande ligne ouverte par le boulevart Napoléon au centre de la ville seraient aussi faciles et aussi directes qu'elles sont aujourd'hui difficiles et tortueuses.

Tout porte à espérer, du reste, que ce beau boulevart sera, avant qu'il soit longtemps, prolongé sur la rive gauche, jusque vers les chemins de l'Ouest et de Sceaux. Cette voie magnifique ouvrant au milieu de la ville, du nord jusqu'au midi, le plus large passage à la lumière, à l'air, aux hommes et aux choses, rappelle à tous égards ces quais, les plus beaux qu'il y ait nulle part, qui, de l'est à l'ouest, ont rendu les rapports si faciles, et ont tant contribué aux progrès de la ville. Le boulevart Napoléon c'est, en effet, pour nos chemins de fer, un quai pareil à ceux que construisait pour la navigation le premier empereur. Et le jour où, du nord au midi, cette grande artère traversera la ville, nos voies ferrées pourront répandre leurs produits sur l'une et l'autre rive; de même que la navigation peut débarquer les siens sur les quais qui, de l'est à l'ouest, décorent les deux rives du fleuve (1).

Pour mettre tous les points de la partie occidentale de l'arrondissement en communication directe avec la place du Panthéon, que sa position même fait le centre obligé de toutes les relations entre les ponts et les dernières zônes, six rues nouvelles devraient être percées.

Ces rues seraient : la rue Clovis prolongée jusqu'au square ouvert au centre du nouveau quartier Saint-Victor ; la rue qui, partant des jardins du collége Henri IV, irait tout droit, en passant par le même square, jusqu'au Jardin-des-Plantes ; une rue qui, partant de l'angle sud-est de la place, descendrait par une pente régulière jusqu'au square au centre duquel l'église Saint-Médard se trouverait placée ; une rue qui, partant du même angle, dans la direction de la rue Clotilde, passerait au square du quartier Rollin, entamerait le jardin du Val-de-Grâce, couperait la rue des Bourguignons, le nouveau boulevart, et, passant au travers du quartier des Jardins, se confondrait jusqu'à la barrière avec la rue de la Glacière ; une rue qui, longeant la mairie, dans la direction même de la Petite-Rue-Clotaire, irait, en coupant les jardins des Dames-Saint-Michel, la rue des Ursulines et l'impasse des Feuillantines, se confondre devant le Val-de-Grâce avec la rue Saint-Jacques dont elle serait le prolongement direct, de la barrière au Panthéon. Cette rue passerait tout entière au travers de terrains que d'immenses jardins occupent seuls encore ; elle n'exigerait que la démolition de huit ou dix maisons situées le long des rues de la Vieille-Estra-

---

(1) La prolongation du boulevart du centre au travers de la rive gauche n'est plus une espérance, elle fait partie du projet adopté par la commission municipale.

pàde, des Ursulines et Saint-Jacques; enfin, pour compléter les abords de la place du Panthéon, il n'y aurait plus qu'à ouvrir une rue qui irait, soit de la place de l'Estrapade, soit de l'intersection des rues Saint-Jacques et Soufflot, au carrefour des rues d'Enfer et de l'Est, en se reliant par une coupure à l'École des mines.

Dans la troisième zône, les abords du Val-de-Grâce, contre lequel sont collées les maisons de la rue Saint-Jacques, devraient être dégagés par une large place que des coupures mettraient en communication avec la rue de la Santé, le carrefour de l'Observatoire et le square du nouveau quartier Rollin.

Ce square, relié au Panthéon par les rues destinées à pourvoir aux dégagements de la troisième et quatrième zône, serait, en outre, mis en communication avec le Luxembourg et l'École des mines par une rue qui, partant de l'École normale, irait sortir à la hauteur de la grille du Luxembourg située près de la rue Royer-Collard; ses rapports avec l'est de l'arrondissement, avec le quartier Saint-Médard, le Jardin-des-Plantes, le chemin d'Orléans et le pont d'Austerlitz, seraient d'ailleurs largement assurés par la rue destinée à relier avec la grande artère du Pont-Neuf, en évitant la pente de la rue Mouffetard, tout le réseau de rues qui, partant de la quatrième zône, viennent former un carrefour au-dessous de l'église.

Ce carrefour, que quelques maisons de chétive apparence séparent seules de Saint-Médard, est le lieu d'une circulation active et embarrassée et qui, sans tenir compte des besoins que créera l'amélioration des quartiers voisins, réclamerait à elle seule la complète transformation du centre et des abords de ce quartier. Mais cette transformation ne doit pas se borner seulement à ouvrir à la circulation des voies plus praticables, il faut qu'elle soit radicale, il faut qu'elle donne au quartier une physionomie nouvelle.

L'église Saint-Médard sera, pour la population que les améliorations des deux dernières zônes doivent y appeler, un centre d'attraction dont les abords doivent être de toutes parts faciles et commodes. La famille qui se rend à l'église pour accomplir ses devoirs religieux, pour y chercher des espérances, pour y puiser des forces dans les jours où, le cœur brisé par la douleur, vaincu par les souffrances, cherche dans la prière une énergie nouvelle, ne doit pas rencontrer en chemin ces obstacles, quelquefois ces dangers, auxquels le passage dans des rues trop étroites expose bien souvent. Entre les hommes et Dieu, entre l'âme affaiblie et la source des forces qui gouvernent les mondes, on doit prendre d'avance le soin de déblayer la route. Les abords d'une église doivent être faciles. Rien ne doit s'y trouver qui, produisant sur l'âme une impression pénible, ajoute à la douleur sous laquelle fléchissent son courage et ses forces; rien ne doit s'y trouver qui, plaçant tout-à-coup, au sortir de l'église, l'âme reconfortée face à face avec la souffrance et la misère, heurte ses espérances, et jette un voile sombre devant cette terre promise du calme et du repos, qu'un rayon de lumière divine lui faisait entrevoir à l'horizon.

Entre les hommes et Dieu, entre la maison et l'église, rien ne doit apparaître qui semble proclamer le triomphe du mal contre le bien, du diable contre Dieu. Les rues qui touchent à l'église doivent être commodes, propres et bien aérées; et lorsque des maisons sales, délabrées, et suintant la misère entourent une église, ces maisons doivent être abattues, car ces maisons opposent à l'espérance que les cœurs affligés vont chercher à l'église un obstacle aussi grand que celui qu'opposent leurs murailles à la circulation.

La transformation du quartier Mouffetard devrait donc comprendre le dégagement de l'église Saint-Médard, et la démolition des vieilles et hideuses maisons sous lesquelles elle semble enterrée. Un large square, au centre duquel serait placée l'église, offrirait à la circulation toutes les commodités possibles; les rues de Lourcine et Mouffetard seraient, entre le boulevart nouveau et ce square, portées à la largeur que réclamerait leur importance; la rue Censier, améliorée sur toute sa longueur, ferait, avec la rue Buffon, une belle avenue sur le pont d'Austerlitz; la rue d'Orléans, élargie jusque vers la Pitié, et reliée à partir de ce point avec le carrefour des rues Cuvier et Saint-Victor, mettrait la vallée de la Bièvre en rapport immédiat avec l'Entrepôt, la rue du Cardinal-Lemoine et le pont de la Tournelle; et quatre rues nouvelles, qui relieraient encore le quartier Saint-Médard avec la place du Panthéon, avec le quartier Rollin, avec la barrière Saint-Jacques, avec le Marché aux chevaux, rendraient les relations de tous les quartiers voisins avec ce grand centre d'attraction aussi faciles que pourraient l'exiger leurs besoins.

Dans la quatrième zône, il y aurait à pourvoir aux besoins généraux de la circulation, en reliant les barrières avec les grandes lignes qui se prolongent vers les ponts, et avec les centres d'attraction qui se trouvent épars dans l'arrondissement. Cinq rues nouvelles seraient ouvertes dans ce but : la rue du Pont-Neuf prolongée jusqu'à la barrière Fontainebleau; la rue directe du Panthéon à la barrière de la Glacière; une rue qui, partant du square Saint-Médard et passant derrière la caserne de Lourcine, irait en droite ligne à la barrière Saint-Jacques; une rue qui, partant du square ouvert au point d'intersection du boulevart nouveau et de la rue Pascal, irait directement à la barrière d'Enfer; et enfin, une rue qui, partant de la barrière de la Glacière, couperait la rue du Faubourg-Saint-Jacques, et aboutirait sur l'avenue de l'Observatoire à l'angle de la rue Cassini.

Pour les besoins locaux, il faudrait, en outre des rues longées par de petits jardins, dont nous avons parlé, prolonger la rue Pascal jusqu'au boulevart, et ouvrir un square devant les Gobelins; ce quare serait mis en communication avec le Jardin-des-Plantes, par une rue qui irait aboutir à l'angle du nouveau jardin et de la rue de Geoffroy-Saint-Hilaire prolongée jusqu'au nouveau boulevart, et avec le boulevart de l'Hôpital par deux rues, dont l'une se confondrait avec la rue du Banquier, et l'autre traverserait l'espace compris entre cette dernière et la rue qui irait du square vers le Jardin-des-Plantes.

Les voies de communication nécessaires à la transformation des vieux quartiers de la rive gauche se composeraient donc :

1° De grandes artères destinées à pourvoir aux besoins généraux de la circulation, et nécessaires au complément de ce réseau de grandes lignes de communication qui sont pour la ville ce qu'autrefois les routes impériales, ce qu'aujourd'hui nos voies ferrées sont pour la France entière;

2° De rues destinées à relier les points importants de l'arrondissement, soit entre eux, soit avec certains points des arrondissements voisins, où des besoins nombreux appellent la population; ces rues seraient pour l'arrondissemeut ce que sont pour un département ses routes départementales;

Et enfin, de rues destinées aux services locaux des différents quartiers, qui seraient pour les quartiers ce que sont pour les communes les chemins vicinaux.

Les grandes artères, les rues impériales, seraient :

La rue de l'Université prolongée jusqu'au quai Saint-Bernard, et à la rue Saint-Victor ;

Le nouveau boulvart ouvert du carrefour de l'Observatoire au chemin d'Orléans ;

La rue du Pont-Neuf à la barrière d'Italie.

La ville tout entière est directement intéressée à l'exécution de ces trois grandes lignes ; elles doivent servir de base à la transformation de l'arrondissement ; elles auraient à elles seules une influence décisive sur sa prospérité.

Quant aux rues d'arrondissement, aux rues de quartier et aux squares, on comprend que l'importance des besoins, les ressources dont on disposera, les réclamations des habitants et des propriétaires, leur désir de voir exécuter telle ligne plutôt que telle autre, le concours qu'ils apporteront à l'entreprise, l'opinion de l'administration, et une infinité de circonstances particulières qui pourront se produire à mesure que la transformation s'opérera, décideront l'exécution ou le rejet de telle rue qu'il nous avait paru utile d'indiquer, en feront entreprendre telle autre dont nous n'avons rien dit.

Mais quels que soient les tracés adoptés par l'administration et les intéressés, les voies nouvelles ouvrant les déserts et les ruelles de l'arrondissement devant les grands courants qui, faute de passage, se portent autre part ou rebroussent chemin, le Paris de nos jours s'étendra à son aise sur les anciens quartiers du moyen-âge, qui gênaient son développement, et repoussaient au nord dans la campagne, par delà Belleville et Montmartre, les flots de la population qui venaient se briser le long des murs humides de leurs vieilles maisons, sans jamais passer outre.

L'industrie, qui étouffe dans les quartiers du centre et grève son passif de frais de location énormes, pourra alors s'installer avec économie dans les nouvelles rues qui lui garantiront, avec la ville entière, des rapports directs et faciles.

Le commerce qui se porte partout où la consommation réclame ses services, aussi bien en Crimée que sur les boulevarts, suivra comme leur ombre les habitants nouveaux qui passeront les ponts.

Des moyens plus nombreux d'exercer leur travail seront fournis aux classes pauvres; la demande en accroîtra le prix; les produits dont les facilités de la circulation rendront la création moins onéreuse seront plus lucratifs; la propriété rendant plus de services produira davantage; et la misère broyée sous les pas des passants, sous les marteaux des ateliers, s'en ira en poussière.

Mais la transformation de l'arrondissement peut encore devenir plus sûre et plus rapide pour peu que l'on s'applique à combattre les risques qui pourraient amoindrir le bien-être de la population, et à développer les forces qui pourraient au contraire contribuer à l'accroître.

Le bien-être de la population dépend de la manière dont se solde le compte général de ses charges et de ses ressources. Diminuer les dépenses, les causes de chômage; élever le produit du travail en le rendant plus régulier et plus lucratif pour la même dépense de force, tel est donc le moyen d'assurer à la population un bien-être que tout tendra de jour en jour à élever jusqu'à l'aisance.

En ouvrant au soleil et à l'air un passage facile sur toute la surface de l'arrondissement; en multipliant les égouts qui sont pour l'assainissement des grandes villes ce qu'est le drainage pour l'assainissement des marais et des terres humides; en fournissant aux plus pauvres ménages de l'eau en abondance, l'ouverture des rues nouvelles et les travaux d'utilité publique qui en seront la conséquence naturelle auront sur l'amélioration des conditions hygiéniques dans lesquelles se trouve la population entassée dans les quartiers anciens une grande et heureuse influence. La fièvre typhoïde, les maladies scrofuleuses, le choléra, cesseront leurs ravages. Les familles que la mort de leur chef plongeait dans la misère seront bien moins nombreuses. Le chef de famille conservera ses forces qu'usaient les maladies; la femme et les enfants ayant de la santé auront moins de besoins; les charges étant moins lourdes, le travail plus régulier et plus fructueux, le bien-être sera mieux garanti.

Améliorer la santé publique, détruire les charges qu'entraînent les maladies, grandir la quantité de forces applicables au travail, tel sera le résultat direct de la création d'un système complet de voies de communication. Mais on peut faire encore davantage, on peut fournir aux forces disponibles des moyens plus efficaces et plus nombreux de créer des produits, d'avoir des bénéfices; et on peut amoindrir dans une proportion importante la quantité de ces produits et de ces bénéfices nécessaires à la consommation.

En autorisant le gerbage sur le quai Saint-Bernard, de même qu'il est autorisé sur le port de Bercy; en transformant en dock l'entrepôt des liquides, on peut y ramener le commerce des vins qui l'avait déserté. En construisant au centre de la tannerie parisienne, sur le square Saint-Médard, la Halle aux cuirs si nécessaire à la prospérité de cette industrie à laquelle la condition des classes pauvres de l'arrondissement se rattache par des points si nombreux, on peut leur assurer plus de travail et un travail d'autant mieux rétribué que l'industrie des cuirs sera plus florissante. En remplaçant le Marché aux chevaux ouvert à tous les vents, à la pluie, à la neige, et qui d'ailleurs est trop étroit, par un marché couvert et suffisamment grand, on peut créer pour les quartiers voisins une source régulière de bénéfices qui, chaque jour, prendront plus d'importance. En construisant au Muséum les galeries nécessaires pour exposer ses riches collections; en fournissant à son jardin zoologique et à son jardin botanique un espace assez vaste pour que les animaux, aussi bien que les plantes, puissent y vivre à l'aise, et en rendant ainsi possible à tous l'étude de ce beau résumé de la nature entière, on peut doubler la force d'attraction qu'il exerce sur toutes les classes de la société. On peut et on doit créer sur la rive gauche de la Seine, le long du petit bras dont le barrage et l'écluse permettent de maintenir les eaux à la hauteur voulue, un dock pour les produits que la navigation apporte dans Paris. Les docks de la place de l'Europe auront assez à faire de recevoir les produits que les chemins de fer y verseront directement. Et ces docks ne pourraient jamais présenter au commerce qui se fera le long du fleuve, quels que fussent d'ailleurs les travaux entrepris pour les relier avec la Seine, des avantages aussi certains qu'un dock construit le long du petit bras canalisé. La construction de ce dock, qui mettrait les matières premières sur les terrains même dont l'ouverture des voies nouvelles aura rendu les abords si faciles et dont la valeur peu élevée invitera d'ailleurs bon nombre d'établissements industriels à s'y fixer, aurait, sans aucun doute, une grande influence sur l'avenir industriel de la rive gauche et sur la prospérité de sa population.

L'autorisation du gerbage sur le quai Saint-Bernard, la

transformation en dock de l'entrepôt des liquides, la création de la Halle aux cuirs au centre des tanneries de la Bièvre, la construction d'un marché aux chevaux plus vaste couvert et rendant ainsi les transactions possibles malgré les mauvais temps, l'agrandissement du Jardin-des-Plantes, la création du dock de la Seine, celle des établissements industriels qui auront avantage à se fixer à portée de ce dock, seront incontestablement pour les classes ouvrières des sources de profit ; elles y trouveront un travail assuré, régulier, et leur bien-être y gagnera tout l'excédant dont s'accroîtra la somme de leurs ressources.

Mais en même temps que leur actif sera augmenté par la création d'établissements offrant à leur travail des moyens de production plus réguliers et plus nombreux, d'autres établissements peuvent encore être créés, qui rendront leur passif moins lourd, en diminuant la quantité de leurs ressources qu'ils doivent employer à la satisfaction de leurs premiers besoins.

« Des marchés établis, comme disait au comte Frochot le premier empereur, *ici, là, partout où l'ouvrier le demande, où la bonne ménagère le réclame,* » rendront les approvisionnements de la famille moins onéreux et plus faciles, des logements propres, salubres, bien aérés, pourront leur être offerts à des prix inférieurs à ceux que leur coûtent aujourd'hui de mauvais logements dans des ruelles humides.

Ainsi, amélioration de la santé publique, augmentation des produits du travail, diminution des charges, et par conséquent, destruction de la misère et création du bien-être ; telles seront les conséquences nécessaires des modifications que la transformation de l'arrondissement apportera sans aucun doute dans les habitudes industrielles et commerciales de sa population.

Tous ces vieux quartiers de la rive gauche que la majeure partie de la population parisienne n'entrevoit aujourd'hui que comme des pays lointains, sauvages, inhabitables; cette façon de Kabylie, où campe la tribu des Beni-Mouffetard, comme dit, dans son langage pittoresque, le peuple de Paris, sera alors, avec le Paris central, dans la même situation que les Champs-Élysées. La circulation, l'activité, l'aisance, remplaceront l'isolement, le chômage et la misère. Toutes les classes de la population verront s'ouvrir pour elles comme une vie nouvelle; le travail de l'ouvrier sera plus productif, la propriété s'élèvera enfin à sa valeur réelle; le succès de ces voix généreuses, de ces intelligences d'élite qui depuis si longtemps réclament et préparent cette transformation, sera complet et éclatant; le temps de la prospérité sera venu pour le xiie arrondissement.

CHAPITRE V.

Nos quartiers pauvres du xiie ont toutes mes sympathies, vous le savez.

NAPOLÉON III.

(Réception du corps municipal à l'Élysée, le 27 juillet 1851.)

Il m'est de science certaine que la ville, dans l'intérêt de la couronne, pour le bonheur de la cité, pour sa prospérité, doit laisser faire aux particuliers ces grands travaux ; sauf à ladite ville à les diriger vers un but d'assainissement et d'embellissement de Paris.

FRANÇOIS MYRON.

(Lettre au duc de Sully, grand-voyer de France.)

Plus vous engagerez de capitaux particuliers dans de bonnes et utiles opérations, plus vous grouperez d'intérêts autour de la sécurité publique, on aime un gouvernement qui assure le travail de l'ouvrier et le pain de la famille.....

..... Pouvez-vous avec vos seules ressources réaliser tout le bien que vous ambitionnez pour Paris embelli et régénéré ? Évidemment non.

CHRISTOPHE SANGUIN.

(10 janvier 1631. — Discours à l'assemblée générale du conseil de ville.)

En associant les fortunes privées aux améliorations de Paris, c'est faire acte de sage politique et de grande administration. A l'aide de ce levier, vous démolirez le Paris malsain pour en bâtir un nouveau qui sera digne de la France.

RICHELIEU.

Il est impossible que notre voix ne soit pas entendue : *Aide-toi, le ciel t'aidera !* Ne perdons pas de vue ce sage axiôme, et nous en recueillerons les fruits ; unissons-nous pour demander des choses justes, pour les demander respectueusement, mais avec la conscience de notre droit, mais avec persévérance, et elles nous seront accordées.

M. DUBARLE, *président de la commission des propriétaires et habitants du* xiie *arrondissement.*

CHAPITRE V.

MOYENS D'EXÉCUTION.

Comment l'État pourvoit aux dépenses qu'entraîne la satisfaction des besoins sociaux. — Impôts, emprunts. — Compagnies. — La ville peut disposer des mêmes moyens. — Doutes sur l'intervention des compagnies dans les grands travaux de la ville. — Ces doutes sont sans fondement. — Opinions de François Myron, Christophe Sanguin, Richelieu. — Les compagnies ont déjà fait d'immenses travaux pour la ville, la rue Dauphine, le pont Marie, l'île Notre-Dame, le quartier du Mail, les boulevarts. — Comment la ville pouvait obtenir le concours des compagnies. — La transformation des anciens quartiers peut, par elle-même, offrir des bénéfices qui permettent aux compagnies de l'entreprendre. — Difficultés qu'on rencontre pour sauvegarder les droits des propriétaires. — Solution de ces difficultés. — La loi sur les transformations d'utilité publique. — L'expropriation devient un droit du propriétaire. — Les propriétaires conservent leurs droits aux éventualités de bénéfices que présentent les transformations. — Situation actuelle. — Les compagnies de propriétaires peuvent seules entreprendre ces transformations. — La transformation du XIIe se fera par les propriétaires. — Plus-value de la propriété qui résulte de cette transformation. — Compagnie des propriétaires du XIIe arrondissement. — Bénéfices directs créés à l'État et à la ville par cette transformation. — Leur intervention. — Les travaux antérieurs des propriétaires, l'opinion de M. le préfet de la Seine, les sympathies de l'Empereur pour le XIIe arrondissement garantissent sa transformation et sa prospérité.

Pour assurer la population et sa fortune contre l'action des risques dont chaque citoyen ne pourrait se défendre à lui seul, pour développer les forces de la puissance desquelles dépendent le bien-être et le progrès, le gouvernement, administrateur général de la société, prélève, chaque année, sous le titre d'impôts, les sommes destinées à pourvoir aux dépenses qu'entraîne l'accomplissement de sa haute fonction.

Cependant, s'il fallait que l'impôt dût suffire à tous les frais d'exécution des grands travaux d'utilité publique, de ces canaux, de ces chemins de fer, de ce grand outillage de l'atelier social, qui centuple les forces de la population et lui fournit à chaque instant de nouveaux éléments de fortune ; s'il fallait que l'impôt fournît directement les moyens de soutenir ces grandes guerres, où le sort des nations, où l'avenir de la civilisation dépendent des ressources dont on peut disposer tant que dure la lutte ; l'État n'aurait ni les moyens d'exécuter les grands travaux d'utilité publique, ni ceux de défendre les droits de la nation ; car la nécessité de maintenir l'impôt dans certaines limites, fait qu'en général il ne demande à l'impôt que les ressources destinées à pourvoir aux besoins ordinaires des services publics.

Mais, pour parer aux besoins extraordinaires, pour faire exécuter les grands travaux d'utilité publique, pour soutenir les droits de la nation, pour défendre la civilisation ; voici, suivant les circonstances, les moyens dont dispose l'État :

Si les dépenses nécessaires n'entraînent à leur suite, comme celle qu'occasionne la guerre, aucune éventualité de bénéfices, il demande, sous la responsabilité de la nation, les capitaux qui doivent les solder. Il contracte un emprunt, et les besoins publics se trouvent satisfaits, sans que les impôts subissent pour cela d'autre augmentation que celle de la rente attachée à l'emprunt.

Si les dépenses, comme celles que nécessitent les travaux d'utilité publique, les chemins de fer, les canaux, les desséchements, la fondation des institutions de crédit, l'organisation d'un service de paquebots ou de messageries, ajoutent aux moyens de fortune dont la nation dispose un élément de plus, et créent, par conséquent, une source de bénéfices, l'État peut, ou bien demander à l'emprunt les capitaux destinés à y pourvoir, ou bien traiter avec des capitalistes qui prendront à leur charge l'exécution de l'entreprise, moyennant une part dans la jouissance des bénéfices directs qui en résulteront, ou la jouissance complète des mêmes bénéfices pendant un temps donné.

Mais le soin que prend toujours l'État de réserver tout son crédit pour les grands jours où la nation peut y trouver la garantie de sa sécurité; mais la sollicitude avec laquelle il évite d'ajouter un centime à ces contributions qui sont toujours trop lourdes pour ceux dont le travail est la seule ressource, font qu'il recherche, autant qu'il est possible, à faire solder par l'industrie privée la création de tous ces éléments de fortune dont il importe que la population soit promptement pourvue.

Et l'État, en agissant ainsi, fait preuve de son intelligence administrative et de la sollicitude profonde avec laquelle il veille, en même temps, au développement et à la protection des intérêts publics et privés.

Pourvoir aux besoins généraux de la production et de la circulation des richesses, c'est, à coup sûr, grandir la somme de bien-être, de forces disponibles, de liberté dont chacun peut jouir. Mais s'il fallait demander à l'impôt de solder les dépenses, mais, s'il fallait l'accroître seulement des centimes destinés à payer les rentes des emprunts qu'il faudrait opérer sans le concours de l'industrie, — combien qui, cependant, profitent de toutes ces merveilleuses créations, maudiraient la pensée qui fait poursuivre le progrès? Combien, sans la maudire, seraient pourtant froissés par la nécessité d'ajouter à des privations impossibles une nouvelle privation pour solder les centimes qu'il faudrait au trésor?

Aussi, l'intervention des compagnies dans l'exécution des grands travaux d'utilité publique est un fait dont chacun apprécie aujourd'hui les heureux résultats, et le bruit de la constitution d'une nouvelle compagnie se répand dans la population comme le bruit d'une bataille gagnée sur la misère.

L'État, administrateur général des biens de la nation, emploie donc, suivant les circonstances, pour couvrir ses dépenses, l'impôt, l'emprunt et le concours des compagnies.

En général, l'impôt lui sert à faire face aux dépenses ordinaires.

L'emprunt lui sert à faire face aux dépenses extraordinaires qui ne pourraient donner naissance à aucune source de profit immédiat.

Et quant aux dépenses nécessaires à l'exécution des grands travaux d'utilité publique, dont l'entreprise peut produire directement des bénéfices, il appelle les compagnies à s'en charger moyennant une part dans les bénéfices directs que leur exécution doit entraîner.

Comme l'État, et d'accord avec lui, l'administration municipale préside à la conservation et au développement des intérêts de la cité.

Comme l'État, l'impôt qu'elle prélève lui sert à faire face à ses dépenses ordinaires.

Comme l'État, elle fait des emprunts pour couvrir ses dépenses extraordinaires qui ne peuvent donner naissance à aucune source de profit immédiat.

Comme l'État... elle pourrait traiter avec des compagnies qui feraient pour son compte, sans grever son budget, sans l'obliger à des emprunts, ses grands travaux d'utilité publique de nature à donner des profits immédiats.

Mais, si l'intervention des compagnies dans l'exécution des grands travaux de l'État est un fait dont personne ne conteste les heureux résultats sur le développement des ressources publiques, l'intervention des compagnies dans l'exécution des travaux de la ville soulève encore des doutes auxquels on doit répondre; car la ville, d'accord avec les compagnies, peut élever, comme à vue d'œil, sa prospérité et sa fortune à un point que ses ressources ne pourraient lui permettre d'atteindre que dans un avenir lointain...... et peut-être jamais.

Pour répondre à ces doutes, il suffit du reste de mettre sous les yeux de ceux qui les élèvent l'histoire de Paris. Peut-être en voyant les plus grandes figures de cette illustre prévôté, si intelligente et si dévouée aux intérêts de la ville, les François Myron, les Christophe Sanguin, s'efforcer d'appeler le concours de l'industrie privée ; peut-être en voyant Richelieu, dont la pensée fut si profonde, inviter à son tour le prévôt des marchands à suivre cette voie, peut-être se défieront-ils moins de cette intervention des compagnies... qui déjà ont tant fait pour les besoins et les progrès de la cité.

Car l'intervention des compagnies dans les grands travaux de la ville est loin d'être une nouveauté. Les prévôts d'autrefois avaient jugé cette intervention utile aux intérêts qu'ils administraient, et les prévôts, en pareille occurrence, n'hésitaient pas à mettre l'exécution d'accord avec la pensée.

Ainsi la rue Dauphine fut ouverte, en 1607, par une compagnie.

La partie de la ville, appelée quartier du Mail aujourd'hui, a été bâtie, de 1614 à 1630, par une autre compagnie.

Le pont en face de la rue des Nonnains-d'Hières a été construit, en 1618, par l'entrepreneur Marie, dont cet édifice a retenu le nom.

Toute l'île Saint-Louis, l'un des quartiers les mieux bâtis de Paris, a été couverte de maisons par les soins d'une compagnie d'entrepreneurs qui s'était formée sous le règne de Louis XIII.

Et c'est encore une compagnie, agissant sous le contrôle de la ville, et conformément à l'arrêt du 7 juin 1670, qui a créé cette magnifique ligne de boulevarts intérieurs que toutes les nations viennent admirer.

Parmi les hommes de génie, les administrateurs éclairés et intègres qui ont porté si haut la renommée de l'administration de la ville, il en fut un que Henri IV et Sully s'en allaient consulter et prendre pour leur juge lorsqu'ils se disputaient...... à qui ferait le plus de bien. Cet homme, dont le cœur et la pensée étaient prisés si haut, c'était celui qui le premier a fait intervenir les compagnies dans l'exécution des travaux de la ville : c'était François Myron.

Le prévôt désirait ardemment associer la rive gauche de la Seine aux progrès de la droite, mais les fonds lui manquaient. Appeler le concours des capitaux privés, donner à faire à une compagnie les travaux que la ville ne pouvait entreprendre, et satisfaire ainsi, sans plus attendre, à toutes les exigences, lui parut être un acte de bonne et sage administration. Cependant, avant de prendre, à cet égard, une résolution définitive, il crut devoir en référer au grand voyer de France, au duc de Sully, et il lui exposa ainsi les avantages que le concours des compagnies produirait à la ville.

MONSEIGNEUR,

J'ay faict estudier par le bureau de la Ville la proposition que m'avoit soubmise la Compagnie dont Nicolas Carrel, entrepreneur et maistre des œuvres, est le chef et représentant.

Le bureau, à l'unanimité des voltes, a émis le vœu que ladicte proposition, concernant l'ouverture d'une rue dans la direction du Pont-Neuf sur le jardin des Augustins, ainsi que d'aultres travaux utiles et profitables à ladicte Ville, fût adoptée et reçût une prompte exécution.

Comme cette opération est *chose non accoutumée*, j'ay pensé, Monseigneur, qu'il estoit de mon devoir et honnesteté de vous donner cognoissance des motifs qui nous ont guidé dans cette affaire importante.

La guerre civile a faict blessures sans nombre à notre chère Cité; il faut les guarir, mais comment? Le commerce et l'industrie, qui sont frère et sœur du même lit, sont sans animation et quasi mortes. Les droicts qu'on paye aux ponts de Mantes et de Charenton produisent peu;. or, nous sommes présentement sans finances prospères, malgré quelques avances faictes par le Roy notre bon seigneur et maistre.

En acceptant l'offre faicte par ladicte Compagnie, une bonne amélioration se fera, et moyennant un secours une fois donné, nous aurons de nouvelles voies pour rattacher ensemble les deux parties de la Ville que sépare le fleuve de Seyne. Ceci servira grandement la rive à gauche qui a reçu bien moins que la droicte, bien qu'elles soyent, dans mon esprit, deux sœurs jumelles.

Puis, Monseigneur, le rolle et mission que nous avons à remplir, nous aultres Magistrats, consiste essentiellement à donner aux capitaux d'un chacun un écoulement utile et profittable à tous. L'industrie du bâtiment, industrie nourricière par excellence, va mieux quand c'est l'argent des propriétatres ou aultres qui le faict marcher de préférence à celui de la Ville ; c'est un signe certain de prospérité et de foy dans l'avenir, qu'on se faict toujours brumeux à plaisir quand on sort d'une guerre civile, alors surtout que l'argent des particuliers reste indifférent aux améliorations. Puy, il y a une raison à vous faire luire aux yeux de l'entendement : plus il y a de bourgeois ou artisans même qui s'engagent dans ces sortes d'affaires, plus il y a chance, voire même certitude de tranquillité publique. On est intéressé de cœur et d'esprit à une stabilité qui est le gage du bien-être et de la fortune de la famille. Or, il m'est de science certaine que la Ville, dans l'intérêt de la Couronne, pour le bonheur de la Cité, pour sa prospérité, doit laisser faire aux particuliers ces grands travaux ; sauf à ladicte Ville à les diriger vers un but d'assainissement ou d'embellissement de Paris, en leur imprimant ce caractère d'une blanche et pure honnesteté qui est dans l'essence de l'Echevinage. — Ainsi soict, Monseigneur.

François Myron.

Août 1604 (1).

L'opinion du prévôt fut adoptée par le grand-voyer, sanctionnée par le roi, et la compagnie Carrel dota la rive gauche de cette rue Dauphine, par laquelle s'établissent encore ses plus nombreux rapports avec la rive droite.

Sous Louis XIII (2), on voyait entre les faubourgs Montmartre et Saint-Honoré un grand espace vide que Charles IX avait résolu d'enfermer dans une enceinte nouvelle qu'il fit commencer en 1563. Un secrétaire du roi, nommé Boyer, reprit, en 1626, le projet de Charles IX, dont il proposait

---

(1) *Revue municipale*, p. 1046.
(2) Ces détails sur les travaux exécutés pour la ville par des compagnies sont extraits de l'excellent dictionnaire des rues de Paris, de MM. Louis et Félix Lazarre.

l'exécution sur une grande échelle. Il voulait élever, depuis la porte de la Conférence jusqu'à l'Arsenal, une muraille garnie de remparts plantés d'arbres, et percée de huit portes flanquées de vingt-un bastions. Mais les avantages qu'ambitionnait l'entrepreneur se trouvant trop considérables, la ville fut obligée, en 1628, de renoncer à l'exécution de ce projet.

Trois ans après, Barbier, intendant des finances, proposa de continuer jusqu'à la porte de la Conférence la clôture qui s'étendait depuis l'Arsenal jusqu'à la porte Saint-Denis. A ce sujet, on passa un contrat qui fut modifié l'année suivante. Barbier fut obligé de se borner à un plan moins étendu, qu'il exécuta sous le nom de Charles Froger, secrétaire de la chambre du roi. — Voici les principales conditions de ce nouveau traité :

Les constructeurs devaient se charger de la construction d'une enceinte commençant à la porte Saint-Denis, longeant les Fossés-Jaunes, et allant jusqu'à la porte Saint-Honoré, qu'ils devaient achever. Ils étaient tenus également de bâtir deux autres portes, l'une au faubourg Montmartre, et l'autre entre les faubourgs Saint-Honoré et Montmartre. Ils s'engageaient à combler les anciens fossés où l'eau croupissait, à détruire les anciens murs pour bâtir de nouveaux quartiers. — Le tout devait être achevé dans deux années.

Le roi déchargea Froger des hypothèques dont pouvaient être grevés les terrains et maisons à acquérir, et, de plus, Sa Majesté lui fit don de soixante-dix-neuf mille livres tirées de son épargne. — FROGER PUT ACHETER, EN OUTRE, SANS PAYER DE DROIT AU FISC, TOUTES TERRES SITUÉES DANS LES FAUBOURGS SAINT-HONORÉ ET MONTMARTRE, SUR LE PIED DU QUARANTIÈME DE LEUR REVENU, A MOINS QUE LES PROPRIÉ-

TAIRES NE PRÉFÉRASSENT RECEVOIR LE PRIX PORTÉ DANS LEUR CONTRAT D'ACQUISITION, SANS PRÉJUDICE D'UNE PLUS-VALUE DÉTERMINÉE PAR DES ARBITRES. *Les terrains des anciens remparts, portes, fossés et édifices publics, dont le nouveau projet entraînait la démolition, furent abandonnés, avec les matériaux, en toute propriété à l'entrepreneur.*

Pour veiller à l'exécution de ce contrat, cinq commissaires furent nommés. Ils avaient mission de terminer à l'amiable tous les différends résultant des interprétations contradictoires du traité. — Sur ces cinq commissaires, trois avaient été proposés par le prévôt des marchands et agréés par le roi.

Ce nouveau mode d'administration, dont l'idée première appartenait, ainsi qu'on vient de le voir, à François Myron, excita dans le sein du conseil de la ville de nombreuses discussions.

Le 10 janvier 1631, le projet de traité dont nous venons de reproduire les principales dispositions fut présenté par messire Christophe Sanguin, prévôt des marchands, au conseil de ville, en assemblée générale. Les conclusions du rapport tendaient à l'adoption de la susdite convention. Après la lecture du mémoire, un membre, Simon Dreux, ancien avocat général de la Chambre des comptes, pour lors conseiller de ville, prit la parole :

« Je m'oppose au traité, parce que, à mes yeux, dit le magistrat, il doit entraîner de graves inconvénients : celui d'amoindrir d'abord l'influence de l'administration municipale, et d'être nuisible ensuite aux finances de la ville.

« En effet, si ces sortes d'opérations présentent des bénéfices, pourquoi les abandonner à des traitants, alors que nous pouvons les réaliser? Si la spéculation, au contraire, devient mauvaise, la ville sera toujours responsable vis-à-vis des particuliers. Vous n'avez pas, nous a dit le rapporteur, des ressources nécessaires à l'exécution rapide et complète de ces grands travaux. Qu'il nous démontre alors la nécessité de les entreprendre et de les exécuter dans un délai aussi court. Ne faites par vous-mêmes que la partie de l'opération que vos finances vous permettent de réaliser.

« Il y a, j'ajouterai, un grand danger à entreprendre instantanément et dans plusieurs quartiers à la fois une opération aussi vaste. L'annonce seule de ces travaux gigantesques attirera dans Paris une foule d'ouvriers inoccupés de la province. C'est un appât auquel les moins capables de ces manœuvriers ne sauraient résister. Cette population une fois dans Paris, il faut subvenir à ses besoins, à tous, entendez-vous bien? Tant que vous aurez des travaux considérables, cela n'aura pas d'inconvénients; mais lorsqu'ils baisseront, comme vous ne pourrez toujours leur imprimer une activité semblable, dès que ces gens-là n'auront plus d'occupation, ils formeront un noyau de séditieux qui, se mettant aux gages des ambitieux toujours prêts à jalouser l'autorité royale que notre devoir est de fortifier même par nos votes administratifs. »

Les raisons alléguées par le conseiller Simon Dreux annonçaient une certaine connaissance des affaires de la ville, tout en suivant le système étroit et vulgaire de la routine.

Le prévôt des marchands céda le fauteuil de la présidence au premier échevin, et demanda la parole pour répondre au conseiller.

« Messieurs, dit Christophe Sanguin, le reproche adressé d'abord au projet de traité est celui-ci : l'exécution des grands travaux confiés à une compagnie amoindrirait l'influence et l'action de l'édilité parisienne. A ceci, je réponds : L'influence et la réputation de la prévôté se mesurent au bien dont elle amène la réalisation. Faire de bonnes choses pour s'en réserver l'honneur, cela est simplement de l'orgueil; les réaliser dans un intérêt général pour que l'approbation récompense le souverain, c'est faire de l'administration honnête et digne, comme celle qui est proposée dans le projet de traité.

« Maintenant, abordons certaines considérations d'un ordre encore plus élevé.

« Pourquoi ai-je soumis le traité à vos suffrages? Parce qu'il annonce un système dont l'application sage et mesurée doit être utile à la ville de Paris et très profitable surtout au gouvernement de Sa Majesté. Nous ne sommes pas des hommes politiques, mais nous devons prendre pour guide l'intérêt du pouvoir et la stabilité du trône. Or, en suivant ces principes, en confiant ces travaux à des compagnies dont vous surveillerez les actes, vous servirez grandement et utilement la royauté. En effet, plus vous engagerez de capitaux particuliers dans de bonnes et honnêtes opérations, plus vous grouperez d'intérêts autour de la sécurité publique. On aime un gouvernement qui assure le travail de l'ouvrier et le pain de la famille. Pouvez-vous avec vos seules ressources réaliser tout le bien que vous ambitionnez pour Paris embelli et régénéré? Évidemment non. Ce que vous ne pouvez faire par vous-mêmes, d'où vient alors qu'on empêcherait les autres de le réaliser? Serait-ce pour avoir le monopole de la reconnaissance publique? Cet encens qui monterait jusqu'à vous, savez-vous ce qu'il embaumerait? Votre orgueil. J'admets pour un moment qu'à l'aide d'un emprunt vous puissiez réaliser l'amélioration que nous croyons devoir abandonner à une compagnie. Serait-ce une raison pour l'entreprendre? Non, messieurs. Disons encore pourquoi. C'est que vous feriez lentement et mal ce qu'une compagnie fera vite et bien. J'entends surtout ici parler des travaux de l'enceinte et des ouvertures des rues. Je suis chef de l'administration et j'en fais mouvoir tous les fils; l'expérience m'a démontré que la bureaucratie est nonchalante et ennemie du progrès. Assurée de son gain, elle n'a plus d'ambition et marche à pas comptés. Poursuivie par une société de capitalistes, l'exécution est rapide; car le temps c'est de l'argent, c'est le gain; elle produit vite, parce que c'est son intérêt; elle fait bien, parce que vous êtes là pour lui dire de refaire ce qui serait mal.

« On a dit : L'annonce seule de ces travaux doit faire refluer dans Paris et en grand nombre les ouvriers de la province. Rien n'est plus facile que d'empêcher ces artisans bohèmes de fondre sur la capitale comme sur une proie. Nous avons des édits et des règlements, que le prévôt de Paris les fasse exécuter à la lettre, c'est son devoir. Le magistrat peut s'en servir à coup sûr pour éviter que chaque province ne balaie ses impuretés dans Paris. D'ailleurs la compagnie doit exécuter les travaux de l'enceinte en plusieurs années, et ces travaux, qui donneront du pain à nos ouvriers parisiens, ne réclament pas un surcroît de manœuvriers étrangers.

« Tels sont les motifs qui nous ont décidé à vous proposer l'adoption de ce traité. Vous aviserez dans votre sagesse. »

73 voix sur 74 donnèrent gain de cause au premier magistrat de la ville.

Par l'effet de l'extension de l'enceinte, au nord-ouest de

Paris, quarante-sept rues furent ouvertes, de 1633 à 1645, dans cette partie de la ville.

Les constructions qui furent élevées en bordure de ces voies publiques firent dépenser dans cette même période plus de 80 *millions de notre monnaie*.

Telle fut la première application du sage principe de l'intervention des compagnies dans l'exécution des grands travaux de voirie que fit l'administration de la ville après François Myron.

Le bien qui en résulta fut universellement reconnu par les Parisiens, dont l'affection récompensa la prévôté des marchands. Le pouvoir honora également de ses éloges nos dignes magistrats.

Le cardinal de Richelieu qui, lors de la construction de son palais, eut de nombreuses conférences avec *Michel Maureau*, alors prévôt des marchands, apprécia en grand ministre, en homme de génie, les immenses avantages que cette association de capitaux devait procurer à la ville de Paris.

« Maître Michel, disait-il au magistrat, en associant les fortunes privées aux améliorations de Paris, c'est faire acte de sage politique et de grande administration. A l'aide de ce levier, vous démolirez le Paris malsain pour en bâtir un nouveau qui sera digne de la France. »

Sous le règne de Louis XIII, d'autres parties de la ville reçurent encore de l'intervention des compagnies de notables améliorations. Un projet d'une certaine importance fut adopté. Il consistait à créer un nouveau quartier dans les deux îles, dont l'une était connue sous le nom d'île Notre-Dame et l'autre île aux Vaches. La première seule contenait quelques pauvres et chétives habitations. Dès 1614, Louis XIII avait nommé à ce sujet des commissaires qui devaient traiter pour l'exécution de ce projet avec l'évêque et le chapitre de l'Église de Paris, auxquels les deux îles appartenaient. Christophe Marie, entrepreneur des ponts de France, se chargea de conduire les travaux. Il prit l'engagement de réunir les deux îles en comblant le canal qui les séparait; de les entourer, dans le délai de dix années, de quais revêtus de pierres de taille; d'y construire des rues, larges de quatre toises, ainsi qu'un pont pour communiquer avec la ville. En échange, on lui accorda *le droit de prélever sur chaque maison douze deniers de cens pendant soixante années.* Le contrat, passé le 19 avril, fut ratifié par lettres-patentes, le 6 mai 1614.

Dès cette même année, Marie commença la construction du pont, qui porte encore aujourd'hui le nom de cet entrepreneur. Le 11 octobre, le jeune roi Louis XIII, assisté de sa mère Marie de Médicis, en posa la première pierre en présence de Robert Myron, prevôt des marchands, et des échevins Jacques Huot, Guy Pasquier, Jacques le Bret et François Frézon.

Le chapitre de la cathédrale voulut s'opposer à l'exécution des travaux, et la contestation fut portée au conseil du roi, qui donna gain de cause à l'entrepreneur.

Marie poursuivit ses opérations, et après avoir bâti une partie de l'île, il céda son privilége à Jean de La Grange, secrétaire du roi. Quelques changements au projet primitf ayant été reconnus nécessaires, le traité fut renouvelé avec La Grange, qui s'engagea à continuer les travaux de son prédécesseur, et, de plus, à construire un pont de bois pour joindre l'île au quartier Saint-Landry, et un pont de pierre pour la réunir aux Tournelles. En compensation, *il lui fut permis d'établir douze étaux de boucherie, des bateaux de lavandières et de bâtir des maisons sur le pont des Tournelles et le pont Marie.*

Le nouvel entrepreneur ne put conserver son privilége. Marie et ses associés lui intentèrent un procès. Ils le gagnèrent et reprirent leurs travaux ; mais ils ne furent pas plus heureux ; les chanoines de Notre-Dame recommencèrent leur opposition. Pour lever tous les obstacles, le roi traita avec le chapitre et lui acheta, en 1642, moyennant 50,000 livres, ses droits seigneuriaux sur l'île Notre-Dame. Le paiement de cette somme fut mis à la charge de l'entrepreneur, qui voulut se faire rembourser par les propriétaires. Il en résulta une nouvelle contestation, qui se termina par un arrangement d'après lequel il fut stipulé *que les notables habitants continueraient les travaux,* en accordant une indemnité à l'entrepreneur et en payant au chapitre de Notre-Dame les 50,000 livres, cause première de la contestation.

Ainsi les constructions de l'île Notre-Dame, commencées en 1614 par Marie, furent continuées par La Grange en 1623. Repris par Marie en 1627, les travaux ne furent achevés qu'en 1647 *par les propriétaires* eux-mêmes de l'île Notre-Dame.

Quatre quais, sept rues bordées de vingt hôtels, et plus de cent soixante-dix maisons ordinaires furent bâtis dans cette période sur l'île Notre-Dame. Toutes ces constructions firent alors dépenser une somme de soixante-cinq millions.

Avant 1570, les remparts de Paris, de la porte Saint-Denis à la Bastille, étaient des amas de terre revêtus en partie de murs à l'extérieur ; du côté de la porte Saint-Antoine il y avait plusieurs bastions s'avançant sur le faubourg et du côté de la ville. Ces remparts s'étendaient jusqu'au derrière des maisons et formaient des emplacements vagues qui était couverts d'immondices et de murs infects.

Le 7 juin 1670, le roi ordonna de les remplacer par des boulevarts plantés d'arbres; et, en juillet 1676, de les continuer jusqu'à la porte Saint-Honoré. La largeur en fut fixée à dix-huit toises : *c'étaient dix toises pour la grande allée, trois toises pour chacune des deux contre-allées, et une toise en plus de chaque côté ;* le roi, pour diminuer la dépense qu'il imposait à la ville, donna au prévôt des marchands toutes lesdites terres vaines et vagues, et le surplus des terrains desdits remparts et bastions, avec le droit de les vendre, à la condition d'en appliquer le produit à la confection du boulevart ou aux achats de terrains, là où la largeur du rempart ne serait pas suffisante, ou pour indemniser les particuliers qui en tenaient plusieurs parties à bail.

Et, cette fois encore, l'administration municipale, appréciant l'avantage qu'il y avait pour elle à appeler le concours des capitaux privés à l'exécution de la pensée royale, traita avec une compagnie qui accomplit, sous la direction de la ville, cette magnifique transformation.

Ainsi, depuis deux siècles et demi, l'administration municipale a, comme l'État, appelé les capitaux des particuliers à l'exécution des grands travaux d'intérêt général ; et l'intervention des compagnies a contribué aux progrès et à la transformation de la ville, dans une proportion qui ne saurait permettre désormais la moindre hésitation, dans toute circonstance où il sera possible d'y recourir encore.

La possibilité d'offrir aux compagnies des avantages assez grands pour les déterminer à entreprendre les travaux d'utilité publique est donc pour la ville la seule question sérieuse dont elle ait à se préoccuper.

Ces avantages, on l'a vu, les administrations antérieures les faisaient consister, tantôt dans des subventions directes, tantôt dans des priviléges de différentes sortes ; des cens à prélever sur les nouvelles constructions, des établissements de commerce à exploiter, etc.; tantôt dans l'abandon de terrains vagues. Une fois même, lors de la construction des remparts de la ville, compris entre la porte Saint-Denis et la porte Saint-Honoré, l'entrepreneur, Froger, *fut investi du droit d'exproprier des terrains dont la possession n'était pas nécessaire à l'établissement des fortifications nouvelles, mais sur lesquels il pouvait être utile à la population de construire de nouvelles maisons.*

Pour engager les compagnies à entreprendre les grands travaux de la ville, la commission municipale pourrait donc, de même que les anciennes administrations, leur fournir des subventions, ou leur céder la jouissance de certains priviléges qui deviendraient pour elles des sources de bénéfices assez considérables pour couvrir largement les avances qu'elles auraient dû faire.

Cependant, dans presque tous les cas où les travaux à faire devraient avoir pour but d'ouvrir à la circulation des voies nouvelles de communication au travers de quartiers dont la transformation serait une nécessité, la transformation seule de rues et de quartiers n'offrant à la population que de mauvaises conditions d'habitation, en rues bien aérées, et bordées de maisons offrant toutes les conditions possibles de bien-être et de commodité, peut devenir une source de bénéfices assez considérables pour que des compagnies à qui la jouissance en serait concédée pussent prendre à leur charge ces améliorations.

Depuis quelques années surtout, l'idée de faire intervenir ainsi les compagnies dans l'exécution des travaux de la ville a pris une sérieuse consistance. Des offres ont été faites dans ce sens à l'administration ; mais, soit insuffisance de la loi sur l'expropriation, soit tout autre motif, la commission municipale n'a pris encore aucune décision qui prouve sa détermination de s'engager dans cette voie.

La loi sur l'expropriation pour cause d'utilité publique est pourtant une arme assez puissante pour permettre de trancher du premier coup toutes les difficultés qui pourraient s'opposer aux améliorations dont l'urgence et la nécessité sont évidentes.

Malheureusement, trancher des difficultés, ce n'est pas les résoudre. Toutefois, voici comment l'emploi de ce remède *in extremis* peut être justifié.

S'il y a utilité publique d'ouvrir à la circulation des voies capables de suffire à ses besoins, l'expropriation de toute propriété dont il est nécessaire que la ville dispose pour exécuter son entreprise est légalement permise. Mais s'il est nécessaire de disposer des terrains qui devront être compris dans la surface de la rue, il n'est pas moins nécessaire de pouvoir disposer des moyens de faire les travaux. Ces moyens, la propriété des zônes qui longent les deux rives peut les fournir à la ville; donc l'expropriation de ces zônes est utile, donc elle est légalement autorisée.

Si les anciens quartiers présentent des obstacles à la circulation, s'ils sont insalubres, si l'insuffisance des logements augmente les charges de la population, s'il est possible de créer dans les anciens quartiers, actuellement inhabitables, des constructions et des rues qui puissent satisfaire aux besoins de la population, la transformation de ces quartiers est d'utilité publique; donc l'expropriation en est légalement autorisée.

La loi sur l'expropriation pour cause d'utilité publique pourrait donc, en l'exécutant brutalement et à la lettre, permettre à la ville de fournir aux compagnies, sans grever son budget, les moyens d'exécuter avec bénéfice ses grands travaux d'utilité publique.

Mais cette loi, tout le monde le sent, est bien plutôt l'affirmation du grand principe de la suprématie du droit social sur le droit individuel, qu'une loi déterminant l'application de ce principe à la propriété, et répondant à toutes les difficultés que cette application peut présenter.

Aussi, prend-on bien soin de ne jamais en faire usage que dans les cas d'une nécessité extrême, et lorsqu'il est bien évidemment constaté que l'expropriation seule de la propriété qui doit y être soumise permet de satisfaire au besoin général dont on se préoccupe.

L'expropriation n'est qu'un moyen fort imparfait d'assurer à l'État des moyens de pourvoir aux besoins sociaux ; un moyen qui peut, dans certains cas, devenir la violation flagrante du droit de propriété; un moyen qui expose l'administration, ou bien à laisser en souffrance des besoins impérieux auxquels il y aurait utilité publique de pourvoir, ou bien à sacrifier à la satisfaction de ces besoins des droits réels qui devraient être respectés.

Tant que l'État n'a eu à réclamer des propriétaires la cession de leurs propriétés que pour les conserver à un service public et gratuit, la loi sur l'expropriation a pu suffire, et son application n'a point trouvé d'obstacles. D'une terre, on devait faire un bastion; d'une vigne, un tronçon de route, d'une maison, la chaussée d'une rue; l'utilité publique était incontestable, la nouvelle destination de la propriété lui faisant perdre tous ses moyens anciens de production, sans créer aucune éventualité de profit en dehors de la satisfaction du service public, tout ce que le propriétaire avait à réclamer, c'était le paiement de sa propriété, et l'État l'expropriait sans hésiter un seul instant.

Mais quand les besoins sociaux sont venus réclamer la transformation de propriétés malsaines ou peu productives en propriétés offrant à la population toutes les conditions d'hygiène et de productivité ; quand la nécessité de dessécher des marais, d'assainir des quartiers inhabitables est devenue si impérieuse que l'État a dû songer aux moyens d'y pourvoir ; malgré l'utilité publique qu'il y avait d'accomplir toutes ces entreprises, l'État a hésité devant l'application de la loi sur l'expropriation. On s'est trouvé alors en face d'une difficulté sérieuse ; car si l'utilité publique réclamait la transformation de la propriété et en autorisait l'expropriation, la loi sur la propriété garantissait au propriétaire des droits incontestables à la plus-value que la transformation devait produire ; et comment exproprier et réserver les droits du propriétaire ?

Alors on a cherché, à diverses reprises, à modifier la loi ; mais, malgré tous les soins, malgré toutes les précautions possibles, les difficultés que l'on a rencontrées tout d'abord pour concilier les droits de la société et ceux des propriétaires sont restées, à bien peu près, les mêmes.

C'est qu'en cherchant dans l'amélioration de la loi sur l'expropriation la solution de ces difficultés, on a fait fausse route.

Car l'expropriation n'est pas le droit fondamental que les besoins sociaux, que l'utilité publique donnent à l'État sur la propriété privée : elle n'est qu'un moyen dont l'État peut, en certaines circonstances, se servir pour amener la propriété privée à se conformer et se soumettre aux besoins sociaux; le droit réel de l'État, c'est le droit d'exiger les transformations nécessaires de la propriété.

Aux termes mêmes de la loi sur la propriété, l'État peut exiger que la jouissance en soit conforme aux besoins sociaux; il peut imposer à la propriété toutes les transformations que réclame l'utilité publique; il peut, pour atteindre ce but, recourir à l'expropriation comme moyen; mais, dans tous les cas où une transformation nécessaire amènera une plus-value de la propriété, il ne peut empêcher le propriétaire de revendiquer ses droits à cette plus-value, et il ne peut exproprier une propriété dont le propriétaire conforme la jouissance aux besoins sociaux.

La loi constitutive de la propriété dit, en effet :

Art. 544. La propriété est le droit de jouir et disposer des choses de la manière la plus absolue, *pourvu qu'on n'en fasse pas un usage prohibé par les lois et les règlements.*

Art. 545. Nul ne peut être contraint de céder sa propriété, *si ce n'est pour cause d'utilité publique*, et moyennant une juste et préalable indemnité.

Art. 546. La propriété d'une chose, soit mobilière, soit immobilière, *donne droit à tout ce qu'elle produit et sur tout ce qui s'y unit accessoirement, soit naturellement, soit artificiellement.*

Ce droit s'appelle droit d'accession.

Ainsi, l'art. 544 subordonne la jouissance de la propriété aux lois et aux règlements.

L'art. 546 garantit au propriétaire ses droits à tout ce que la propriété peut produire, soit naturellement, soit artificiellement.

L'art. 545 l'oblige à céder sa propriété pour cause d'utilité publique.

D'où il résulte :

1° Que la loi peut obliger le propriétaire à conformer sa jouissance de sa propriété aux besoins généraux de la société, et, par conséquent, exiger que cette propriété subisse toutes transformations d'utilité publique.

2° Que le propriétaire qui jouit de sa propriété conformément aux lois, et qui, par conséquent, consent aux transformations de sa propriété qu'exigent les besoins sociaux, conserve tous ses droits à la plus-value que sa propriété peut acquérir par la transformation.

3° Que le propriétaire qui refuserait de conformer la jouissance de sa propriété aux lois et aux règlements, et qui, par conséquent, refuserait de soumettre sa propriété aux transformations d'utilité publique ordonnées par la loi ou les règlements, pourrait être contraint de céder cette propriété moyennant une juste et préalable indemnité.

Ainsi, l'utilité publique réclame une transformation de la propriété, la loi l'ordonne, et le propriétaire se soumet ou se refuse à cette transformation.

S'il s'y soumet, il conserve ses droits aux produits de tout genre de la propriété, qu'ils résultent ou non de la transformation.

S'il s'y refuse, la société peut le contraindre à la cession de sa propriété et la prendre à sa charge, moyennant le paiement au propriétaire d'une juste et préalable indemnité.

Ce qu'il faut faire pour concilier les droits de la société et ceux des propriétaires, c'est donc une loi sur les transformations de la propriété pour cause d'utilité publique, et non pas une loi sur l'expropriation. Car la transformation est le droit de la société sur la propriété privée, elle est le but que réclame l'utilité publique, tandis que l'expropriation n'est qu'un moyen d'assurer l'exercice de ce droit, et un moyen auquel on ne peut recourir que si le propriétaire se refuse à conformer sa jouissance aux besoins sociaux constatés par les lois et les règlements.

Toutes les transformations possibles dont la société aura à réclamer l'exécution pourront toujours se ramener aux deux catégories suivantes :

1° Transformations de nature à augmenter la productivité de la propriété, à donner naissance à de nouvelles sources de bénéfices ;

2° Transformations de nature à ne donner naissance à aucune source nouvelle de bénéfices ;

Cette dernière catégorie comprend toutes les transformations de propriétés privées en propriétés consacrées au service public et gratuit. C'est le cas qui s'est présenté le premier, c'est pour y pourvoir que la loi sur l'expropriation a été faite, et tant que les besoins publics n'ont pas réclamé d'autres transformations, cette loi s'est trouvée suffisante. En effet, d'une terre on devait faire un bastion, d'un pré un tronçon de route, d'une maison la chaussée d'une rue, la transformation était d'utilité publique ; mais le propriétaire, qui n'y voyait aucune éventualité de bénéfices, renonçait à son droit de propriété, moyennant une juste et préalable indemnité. La première, au contraire, comprend toutes les transformations de propriétés privées, dont la productivité ne répond pas aux besoins sociaux, en propriétés qui rendront à la société des services plus considérables, soit par le développement des éléments de productivité qu'elles renferment, soit par le changement de leur destination. Ainsi les besoins sociaux réclament que d'une bande du territoire on fasse un chemin de fer, d'un terrain houiller une mine exploitée, d'un minerai un métal, d'une roche des pierres de taille ou des moellons, d'un marais insalubre une prairie fertile, d'une lande des terres cultivées, des dunes une forêt, d'un quartier impraticable et insalubre un quartier pourvu de belles voies de communication et de maisons commodes : il y a utilité publique d'accomplir toutes ces transformations; et alors, ou bien le propriétaire veut prendre part à leur exécution et se conformer aux exigences sociales, ou bien il veut rester étranger à la transformation que l'on doit opérer.

Dans le premier cas, la transformation s'opérant par le propriétaire ou avec son concours, il n'y a pas lieu à expropriation, puisque l'exigence sociale se trouve satisfaite. Dans le second cas, le propriétaire refusant son concours à la transformation que réclame l'utilité publique pour satisfaire au besoin social, l'expropriation devient une nécessité.

Dans ces nouvelles conditions, la loi sur l'expropriation est aussi bien un privilége de la propriété qu'un privilége de la société. Ce n'est plus une loi qui menace le droit du propriétaire, et qui peut, dans certaines circonstances, lui enlever les éventualités de bénéfices que la transformation de sa propriété pourra produire au nouveau propriétaire qui en sera investi, c'est une loi qui lui garantit, dans tous les cas, et quels que soient les besoins d'intérêt général, le droit d'exiger de l'État le paiement de sa propriété.

Ainsi, la société a le droit d'exiger pour cause d'utilité publique la transformation de la propriété; et le propriétaire a le choix, ou bien de continuer à jouir de sa propriété transformée, ainsi que l'utilité publique le rendait nécessaire, ou bien d'exiger de la société qu'elle prenne à sa charge la transformation qu'elle réclame, en lui abandonnant sa propriété moyennant une juste et préalable indemnité.

Mais si le propriétaire consent à la transformation de sa propriété, que réclame l'utilité publique, comment la jouissance lui en sera-t-elle conservée? Quels seront ses droits dans les bénéfices ou la plus-value que la transformation apportera à sa propriété?

Quelques exemples rendront tout de suite évidentes les réponses à faire à ces questions.

Un propriétaire possède un marais dont l'assainissement est déclaré d'utilité publique. Le gouvernement fait étudier l'opération; il en détermine les conditions et les moyens; le propriétaire les accepte, il exécute la transformation, et l'opération achevée, il est clair qu'il doit jouir de sa nouvelle propriété exactement dans les mêmes conditions que si aucun travail n'eût jamais été nécessaire.

Cent propriétaires possèdent un marais dont l'assainissement est déclaré d'utilité publique; l'opération est d'abord étudiée comme précédemment; mais, pour l'accomplir, les propriétaires, qui d'ailleurs y consentent, ne possèdent pas les ressources suffisantes. Ils apportent alors dans l'entreprise chacun sa propriété, dont estimation est faite; le gouvernement ou une compagnie apporte les capitaux nécessaires, et les droits à la nouvelle propriété, dont les éléments primitifs sont le marais et le capital, sont partagés entre les propriétaires et les capitalistes dans la proportion de l'apport de chacun. En sorte que, sans expropriation, la transformation s'opère, le besoin public est satisfait, le marais a reçu une plus-value considérable, et chaque propriétaire conserve un droit à cette plus-value proportionnel à son apport dans les éléments primitifs qui l'ont constituée, lequel apport est représenté par son ancienne propriété.

Les propriétaires doivent donc être privilégiés aux tiers pour accomplir les transformations de leurs propriétés, dans tous les cas où ces transformations pourront conduire à des bénéfices et quel que soit le mode que l'on adoptera pour exécuter cette transformation. Si une compagnie se charge de l'entreprise et que cent propriétés, par exemple, valant chacune 10,000 francs doivent être transformées sous l'influence d'un capital d'un million, les propriétaires, s'ils n'ont pas le million, auront le droit d'être admis dans la société, à conditions égales avec les capitalistes qui en feront apport.

De là résulte encore que tout propriétaire dont les champs sont coupés par un chemin de fer a le droit de faire accepter par la société la valeur de ses champs comme son apport dans le capital social, et peut exiger que la représentation de cette valeur lui soit remise en actions au pair de la société.

Les considérations qui précèdent nous semblent indiquer le sens dans lequel devrait être conçue la nouvelle *loi sur les transformations pour cause d'utilité publique*, que les besoins de la population rendent si nécessaire, autant au point de vue de la production qu'à celui de la circulation des richesses. Et de plus, en attendant la confection de cette loi, elles montrent que : toute expropriation faite en vue d'une transformation d'intérêt général, mais pouvant produire directement des bénéfices auxquels le propriétaire n'a pas formellement renoncé en refusant de s'associer à la transformation nécessaire, serait une violation du droit de propriété.

Mais aussi toute expropriation nécessitée pour une transformation d'utilité publique pouvant produire directement des bénéfices serait parfaitement équitable, si le propriétaire, invité d'abord à s'associer à l'entreprise, se refusait à y participer ; car alors il renoncerait lui-même à tous ses droits aux bénéfices et à la plus-value que la transformation pourrait apporter à sa propriété.

Les droits de la société et ceux des propriétaires une fois déterminés ainsi, l'administration pourra sans hésiter appeler le concours des compagnies à l'exécution de tous ses grands travaux, qui pourront devenir par eux-mêmes des sources de bénéfices, et accomplir, sans grever son budget, toutes les améliorations que les besoins généraux de la population réclament à tous les points de vue.

Mais en attendant la confection et la promulgation de la loi sur les transformations pour cause d'utilité publique, toutes ces grandes entreprises dont dépend le bien-être de la population exigent le concours direct de la propriété.

La transformation du XIIe arrondissement devra donc être l'œuvre de ses propriétaires. Et cette œuvre, tout contribue du reste à les rendre plus aptes que tous autres à l'accomplir avec un plein succès. On sait avec quelle sollicitude ils ont analysé les besoins de la population locale, avec combien d'intelligence ils ont montré les avantages qu'entraîneraient pour la population entière de la ville les améliorations que réclame l'état de l'arrondissement ; mieux que personne ils ont conscience de tout le bien qu'une transformation complète pourrait produire pour tous ; mieux que personne ils savent quels immenses bénéfices la propriété est en droit d'en attendre. Car ces bénéfices, ils en ont pour mesure l'infériorité relative de propriétés qui représentent la somme de bien-être dont il leur est possible de donner la jouissance à leurs familles.

Dans le XIIe arrondissement la valeur moyenne de la propriété est d'environ 60 francs le mètre. La valeur moyenne de la propriété parisienne étant de 150 à 200 francs le mètre, il en résulte que dans le XIIe arrondissement la propriété n'a guère que le tiers de la valeur moyenne de la propriété parisienne. Cette infériorité est écrasante. Malheureusement tout porte à la croire réelle.

Si l'on compare, en effet, le chiffre moyen des contributions foncières que paie un mètre de la propriété parisienne, au chiffre moyen que paie un mètre de la propriété du XIIe arrondissement, on est encore conduit à admettre qu'au point de vue de la répartition des impôts, la propriété parisienne est considérée comme ayant, en moyenne, trois fois plus de valeur que la propriété du XIIe arrondissement.

La superficie générale de Paris est de 34,025,607 mètres. Si l'on retranche pour la superficie occupée par la Seine 1,250,550 mètres, il reste 32,760,057 mètres. Le total de l'impôt foncier était pour Paris en 1854 de 8,067,956 francs, ce qui porte l'impôt moyen payé par chaque mètre de surface à 0 fr. 249 millièmes.

La superficie du XIIe arrondissement est de 4,923,267 mètres; l'impôt foncier payé en 1854 par l'arrondissement s'est élevé à 411,433 fr., en sorte que l'impôt payé par chaque mètre de surface a été de 0 fr. 083 millièmes, c'est-à-dire, exactement le tiers de l'impôt payé par un mètre de la surface de Paris.

On remarquera en outre que le rapport de la surface occupée par les rues à la surface occupée par la propriété étant inférieur, dans le XIIe arrondissement, au rapport moyen de la surface occupée par les rues à la surface occupée par la propriété dans la ville entière, les résultats fournis par les calculs qui précèdent indiquent pour la propriété du xiie arrondissement une position supérieure à sa position réelle. En sorte que, au point de vue de la répartition des impôts, la propriété n'est pas considérée dans le xiie arrondissement comme ayant seulement le tiers de la valeur moyenne de la propriété parisienne.

Mais si les hommes éminents qui se sont occupés des améliorations à introduire dans l'arrondissement ne se sont pas trompés en affirmant que sa prospérité dépendait tout entière de la transformation de ses voies de communication ; si nous-mêmes, en suivant leurs travaux, nous avons apprécié sainement les besoins généraux de la population entassée au centre de la ville, et forcée d'émigrer faute d'avoir à sa portée des logements commodes ; si les ressources que l'arrondissement peut offrir à la population, à l'industrie et au commerce ; si les attraits puissants de ses écoles, de ses collèges, de ses musées, de ses jardins, n'ont pas été pour nous des illusions, la transformation complète de l'arrondissement doit avoir pour conséquence nécessaire d'élever la valeur de sa propriété, à la hauteur de la valeur moyenne de la propriété parisienne. C'est-à-dire que de 60 fr. elle s'élèverait à 180 fr. le mètre. La superficie de l'arrondissement étant de près de cinq millions de mètres, si l'on admet que les rues et les établissements publics en occupent le cinquième, soit un million, les quatre millions restant, qui représentent la propriété privée, recevront chacun une plus-value de 120 fr., et la plus-value totale acquise par la propriété s'élèvera au chiffre de *quatre cent quatre-vingts millions !*

Tous les points de l'arrondissement auront part à cette

plus-value. Toutes les propriétés, quels que soient leur position et leur état actuel, gagneront à la transformation de l'arrondissement un surcroît de valeur; les bénéfices immédiats qui en résulteront seront pour ces propriétés, qui depuis tant d'années supportent des charges écrasantes, comme une indemnité des pertes et des non-valeurs dont elles avaient tant souffert jusqu'ici, et voici comment il nous paraîtrait équitable de constituer la compagnie qui devra accomplir cette grande entreprise.

Les éléments primitifs de la transformation sont les immeubles à transformer, et les capitaux nécessaires à l'exécution des travaux.

Les immeubles transformés représenteront donc une fusion, un alliage, dans la composition duquel entreront, dans diverses proportions, les immeubles primitifs et les capitaux employés à la transformation.

Les immeubles primitifs et les capitaux doivent donc avoir, dans la propriété des immeubles transformés, des droits proportionnels à la valeur pour laquelle capitaux et immeubles entrent dans cette transformation.

La propriété et les bénéfices de l'entreprise reviennent donc aux propriétaires et aux capitalistes dans la proportion de l'apport de chacun, et la société constitutive de leurs droits doit être une société en participation.

Après l'estimation des immeubles dont apport serait fait à la société, les propriétaires déclareraient quelle fraction de leur valeur ils voudraient recevoir en argent, et quelle autre en titres de la société; et leurs droits à la propriété générale et aux bénéfices de l'entreprise seraient proportionnels à la valeur reçue par eux en titres de la société. En sorte que, tout en faisant apport de tout ou partie de leurs immeubles à la société, *les propriétaires conserveraient non-*

seulement leurs droits à la valeur actuelle de ces immeubles, mais encore leurs droits aux bénéfices que les améliorations générales de l'arrondissement assurent à toutes les propriétés (1).

Mais en portant l'aisance dans l'arrondissement le plus pauvre de la ville, en relevant la valeur de la propriété, en activant l'industrie, en rendant le travail de l'ouvrier plus régulier et plus profitable, en maintenant dans la ville, à portée des affaires, cette population que la rareté des logements forçait d'aller vivre hors barrières, la transformation du xiie arrondissement créera pour la ville et l'État des sources directes de bénéfices qui, chaque année, ajouteront aux moyens dont l'administration dispose pour développer la fortune publique.

Ces bénéfices, on le comprend, proviendront de mille causes différentes, dont il serait difficile de mesurer l'influence et la portée définitives. Cependant il en est une entre autres dont il peut être utile d'indiquer les résultats probables.

(1) M. Leroy de St-Arnaud, conseiller d'État, maire de l'arrondissement, préoccupé de la nécessité de porter promptement un remède efficace aux souffrances de la population et de la propriété, et convaincu que l'accord des propriétaires, soit pour offrir à l'administration les conditions les plus favorables à l'exécution de ses projets, soit pour étudier les moyens d'exécuter, en associant leurs intérêts, les améliorations que réclame l'état de l'arrondissement, a constitué un syndicat des propriétaires, dont la création a été accueillie avec des applaudissements qui prouvent de la justesse de ses vues et de la reconnaissance de la propriété.

Ce syndicat, dans lequel s'est fondue l'ancienne commission officieuse des propriétaires, qui déjà a rendu tant de services à l'arrondissement, présidé par le magistrat même à qui revient l'honneur de cette pensée féconde, doit être l'instrument avec lequel on créera un xiie arrondissement approprié aux besoins de la population.

La Compagnie des propriétaires, dont nous avons en vue la formation, y trouvera, nous osons l'espérer, un guide et un appui considérable.

En relevant la valeur de la propriété dans le xiie arrondissement au niveau de la valeur moyenne de la propriété parisienne, la transformation de l'arrondissement aura en même temps pour conséquence d'élever les contributions foncières payées par cette propriété au niveau de celles que paie la propriété moyenne de Paris.

Le total des contributions directes payées par la ville de Paris était, en 1853, de 21,514,435 fr. La superficie de la ville étant, déduction faite de la superficie occupée par la Seine, de 32,760,057 mètres, il en résulte que chaque mètre de surface paie un impôt moyen de 0 fr. 65 cent.

Le total des contributions directes payées par le xiie arrondissement étant de 1,075,103 fr., et sa superficie de 4,923,267 mètres, chaque mètre de surface du xiie paie un impôt moyen de 0 fr. 23 cent.

Si la transformation de l'arrondissement le porte au niveau de la situation moyenne des autres arrondissements de la ville, les contributions directes qu'il paiera alors seront donc environ trois fois plus considérables que celles qu'il paie actuellement. Au lieu de produire à l'État un revenu annuel de 1,075,103 fr., il en produira un de 3 millions. L'État gagnera donc à cette opération 2 millions de rente ; ce qui au taux de 72 fr. représente un capital de *quarante-huit millions !*

D'un autre côté, les centimes communaux payés à la ville par le xiie arrondissement s'élevaient en 1853 à 65,215 fr.; après la transformation, ces centimes produisant trois fois plus, la ville y gagnera donc, *rien que du fait de la part qui lui est attribuée dans les contributions directes*, une rente annuelle de 130,430 fr., qui représente, au taux de 72 fr., un capital de 3,130,320 fr.

Ainsi, la transformation du xiie arrondissement produira à l'État et à la ville, *rien que du fait de l'augmentation des contributions directes*, un bénéfice net de plus de *cinquante-un millions !*

En dehors de tout autre motif, des avantages aussi considérables assurent à la société des propriétaires du XII° arrondissement le concours direct de l'administration. Les bénéfices que doit lui produire l'entreprise appellent tout naturellement sa participation aux frais d'exécution, et tout porte à croire que la compagnie recevra de l'État et de la ville des subventions et toutes autorisations de créer dans l'arrondissement les établissements d'utilité publique qui pourraient, comme la Halle aux cuirs, le Marché aux chevaux, le dock de la Seine, les marchés de quartier, contribuer au bien-être de la population.

« Nous vivons à une époque, a dit M. le préfet de la Seine, « où de nombreux projets, que naguère encore on eût qua-« lifiés de rêves, sont miraculeusement réalisés par un gou-« vernement qui sait vouloir tout ce qui est bien, et accom-« plir tout ce qu'il décide. »

Les propriétaires et les habitants du XII° arrondissement peuvent donc espérer que le jour est venu où leurs vœux seront exaucés, leurs efforts couronnés de succès; car la transformation du XII° arrondissement est, sous tous les rapports, une de ces grandes et utiles entreprises dont l'accomplissement est un bienfait public.

Bientôt cette transformation cessera d'être un rêve que caressaient dans leurs souffrances les habitants de ces quartiers, si malsains et si pauvres, *auxquels l'Empereur a toujours témoigné des sympathies si vives.*

Bientôt le rêve sera une réalité.

FIN.

www.ingramcontent.com/pod-product-compliance
Lightning Source LLC
Chambersburg PA
CBHW070647170426
43200CB00010B/2154